クンムル なしでは始まらない！
汁もの

本場仕込みの韓国家庭のスープと 万能おかず

本田朋美

はじめに

私は韓国のドキュメンタリーを好んでよく見ます。
なかでも、2022年に配信されたNetflixの
「スープの国〜韓国汁物紀行〜」には前のめりで夢中になりました。
韓国各地のマッチッ（おいしいお店）を
漫画家のホ・ヨンマン、俳優のリュ・スヨンとハム・ヨンジが訪問。
3人が視覚と聴覚に訴えるように味わう姿や、
マッチッで奮闘する料理人のストーリーに心を打たれ、
五感で楽しめるクンムル（汁もの）のレシピ本を作りたいと強く思いました。

そして、この本を通じて多くの方に知ってほしいと思ったのは、
韓国人にとってクンムルがどういうものなのかということ。
「スープの国」のリュ・スヨンの言葉を借りると、
「生まれる前から死んだ後まで、
そして生きている間もスープを飲むのです。
韓国人にとってスープは人生なんです」。

日々の生活にも、人生の節目にも欠かせないクンムル。
韓国人の命の源ともいえるクンムルが、この一冊に込められています。

韓国料理研究家　本田朋美

Original Story

\ なにはなくとも /
「クンムルなしでは 始まらない！」

韓国の食事にはクンムル（汁もの）がつきもの。日本の味噌汁よりも、季節の行事や決まったシチュエーションに結びついたものが多いのが特徴的。韓国女子ユナの食生活をのぞいてみましょう！

憂鬱な月曜日

→豚肉の味噌チゲ (P. 24)

화이팅

元気を
出したいときに

週明けはただでさえ出勤がつらいのに、最近異動してきた敏腕上司とそりが合わないから気が滅入る。テンジャンチゲを食べて気合いで行くぞ！　ファイテン、私！

引越しで！

→海鮮ちゃんぽん (P. 94)

なんで、あいつがここに？

아이고

引越しをするハウンの手伝いに新居へ。お決まりのヘムルチャンポンを食べながらバカ話をしていたら、玄関のチャイムが。ハウンのパートナーの友人が遅れてくるって言ってたけど、まさかそれが例の上司だなんて！　世の中狭すぎる……

たまにはいいよね？

半年がんばった甲斐があって、新しい契約成立！ 珍しく鬼上司からも褒めてもらった。ふん、私の実力を思い知ったか！ いい仕事をした後の一杯は至福〜 ホンハプタンとオムクタンで乾杯！

→ムール貝のスープ (P.92)

→おでんスープ (P.90)

お酒と一緒に

二日酔いの朝

→干しダラのスープ (P.74)

調子に乗って飲みすぎた……プゴクッが体中に沁みるわ。

二日酔いに

研修旅行に出発！

今日から会社の研修で舞衣島(ムイド)へGO！ 勉強会のチームが上司と一緒なのはちょっと気にくわないけど、せっかくの海。楽しまなくちゃ。ムルフェもおいしいし、いい旅になりそう！

→水刺身スープ (P.72)

최고

海に遊びに行ったときに

Original Story

三伏(サンボッ)は恋の予感??

成り行きで上司とサムゲタンを食べに行くことに。なぜかドキドキしている。新しいことを始めるには向いていない日だけど、恋は例外ってことでいいかな?

伏日に

→参鶏湯（P.68）

帰省は気が重い

秋夕(チュソク)は親戚中が集まるから帰省するように言われているんだけど、気が重いな。おじさんはまたきっと「いい人はいないのか? ククスはいつ食べられるんだ?」とか言うに違いない。それ、立派なハラスメントですから!

흥칫뿡!

→にゅう麺（P.82）

結婚式に

幼馴染との再会

→牛肉と大根と豆腐のスープ（P.87）

茶礼(タレ)の定番タンクッを食べたあと、退屈しのぎに本屋さんに出かけたら、幼馴染のヒョヌとばったり! 何年も会ってなかったけど、ちょっとカッコよくなっていた。ソウルに帰ったらまた会おうと約束。

ご先祖様を迎える茶礼に

6

何でこうなるの？

誕生日に

→ワカメスープ (P.66)

今日はヒョヌの誕生日。うちでミヨククッを食べていたら、なぜか上司が訪ねてきた！「俺とこいつとどっちを選ぶんだ？」って、急転直下の急展開に！目が回る～。

目覚めたら…

あれ、気がついたら王様に？目の前には豪華なトゥブジョンゴル。何が何やらわからないけど、とりあえずいただきます！

→宮中式豆腐鍋 (P.80)

宮廷料理を再現

전하～

맛있어요

＼なにはなくとも／
「クンムルなしでは始まらないものね！」

Contents

2　はじめに

4　**Original Story**　なにはなくとも「クンムルなしでは始まらない!」

12　**クンムルに使う基本のスープの取り方**

12　牛骨スープ

13　豚骨スープ

13　牛肉スープ

14　煮干しと昆布の出汁

14　普段使いに便利なスープの素

15　煮干し出汁

15　昆布出汁

15　スープに使う米のとぎ汁

16　**クンムルに使う調味料**

17　クンムルは味変を楽しもう!

18　**韓国スープの器**

Part 1
すぐに作れる韓国家庭のクンムル

20　純豆腐チゲ　순두부찌개 / スンドゥブチゲ

22　カプサアオノリとカキのスープ　매생이굴국 / メセンイクルクッ

23　白菜の外葉の味噌チゲ　우거지된장찌개 / ウゴジテンジャンチゲ

24　豚肉の味噌チゲ　돼지고기된장찌개 / テジコギテンジャンチゲ

26　きのこの味噌チゲ　버섯된장찌개 / ボソッテンジャンチゲ

27　キムチと豆もやしのスープ　김치콩나물국 / キムチコンナムルクッ

28　アサリスープ　바지락조개탕 / パジラクチョゲタン

30　豚肉のコチュジャンチゲ　돼지고기고추장찌개 / テジコギコチュジャンチゲ

31　イカのコチュジャンチゲ　오징어고추장찌개 / オジンオコチュジャンチゲ

32　サバ缶のコチュジャンチゲ　고등어고추장찌개 / コドゥンオコチュジャンチゲ

33　ツナのキムチチゲ　참치김치찌개 / チャムチキムチチゲ

34　きゅうりとワカメの冷たいスープ　오이미역냉국 / オイミヨクネンクッ

35　どんぐり豆腐の冷たいスープ　도토리묵냉국 / トトリムクネンクッ

36　キムチのご飯入り冷たいスープ　김치말이밥 / キムチマリバッ

38　**COLUMN** クッ、チゲ、タン、チョンゴルの違い

Part 2
休日にじっくり作る韓国料理店のクンムル

40 ソルロンタン　설렁탕／ソルロンタン

42 カルビスープ　갈비탕／カルビタン

43 テールスープ　꼬리곰탕／コリコムタン

44 餃子スープ　만둣국／マンドゥクッ

46 大根の葉の味噌スープ　시래기된장국／シレギテンジャンクッ

47 ムール貝とたらこの鍋　홍합알탕／ホンハプアルタン

48 海鮮の味噌チゲ　해물된장찌개／ヘムルテンジャンチゲ

50 豚肉のキムチチゲ　돼지고기김치찌개／テジコギキムチチゲ

52 豆乳麺　콩국수／コングクス

54 ハマグリのすいとん　대합수제비／テハプスジェビ

55 カキ入りうどん　굴칼국수／クルカルグクス

56 冷麺　냉면／ネンミョン

58 大根の水キムチ　동치미／トンチミ

スープに合わせるおかず 1

59 大根キムチ　깍두기／カクトゥギ

60 タデギ（唐辛子ペースト）　다대기／タデギ

60 エゴマキムチ　깻잎김치／ケンニプキムチ

60 ほうれん草のナムル　시금치나물무침／シグムチナムルムッチム

61 大豆もやしのナムル　콩나물무침／コンナムルムッチム

61 なすのナムル　가지나물볶음／カジナムルポックム

62 韓国かぼちゃのナムル　애호박나물볶음／エホバクナムルポックム

62 きゅうりの和え物　오이생채／オイセンチェ

63 干しダラの和え物　북어무침／プゴムッチム

63 さきイカの和え物　진미채무침／チンミチェムッチム

64 たくあんの和え物　단무지무침／タンムジムッチム

64 きゅうりとりんごのマヨネーズサラダ
　　오이사과마요네즈샐러드／オイサグァマヨネズセルロドゥ

9

Part 3
体調に合わせて食べたいクンムル

66 ワカメスープ 미역국/ミヨククッ

68 参鶏湯 삼계탕/サムゲタン

70 きのこのエゴマスープ 버섯들깨탕/ポソットゥルケタン

71 カキスープ 굴탕/クルタン

72 水刺身スープ 물회/ムルフェ

74 干しダラのスープ 북엇국/プゴックッ

75 大豆もやしのスープ 콩나물국/コンナムルクッ

76 納豆チゲ 청국장찌개/チョングッチャンチゲ

77 おからチゲ 콩비지찌개/コンビジチゲ

78 ところてんの冷たいスープ 우무냉국/ウムネンクッ

Part 4
おもてなし、行事で食べるクンムル

80 宮中式豆腐鍋 궁중두부전골/クンジュントゥブジョンゴル

82 にゅう麺 국수/ククス

84 里芋と牛肉のスープ 토란탕/トランタン

86 ユッケジャン 육개장/ユッケジャン

87 牛肉と大根と豆腐のスープ 탕국/タンクッ

88 雑煮 떡국/トックッ

90 おでんスープ 어묵탕/オムクタン

92 ムール貝のスープ 홍합탕/ホンハプタン

94 海鮮ちゃんぽん 해물짬뽕/ヘムルチャンポン

96 COLUMN 韓国で食べられるクンムル〜干しダラのスープ〜

レシピについて
- レシピ内の大さじ1は 15mL、小さじ1は 5mL です。適量は好みの量を入れる、適宜は好みで入れても入れなくてもよいことを表しています。
- 掲載したレシピは調味料はすべて韓国産のものを使用していますが、同じ韓国産のものでも味の差が大きく、少量でも塩気や風味が違う場合があります。味見をしてお好みで調整してください。
- 近所のスーパー等で手に入りにくい食材もあります。似たもので代用するか、韓国食材専門店やインターネットなどで購入して作ってみてください。

Part 5
地域特有のクンムルを楽しもう

98 ワタリガニ鍋 꽃게탕／コッケタン

100 テナガダコ鍋 연포탕／ヨンポタン

102 テナガダコ・ホルモン・エビの鍋 낙곱새／ナッコプセ

104 タチウオスープ 갈치국／カルチクッ

105 牛肉ときのこの寄せ鍋 소고기버섯전골／ソコギボソッジョンゴル

106 じゃがいも団子のスープ 감자옹심이／カムジャオンシミ

107 コムタン 곰탕／コムタン

108 タッカンマリ 닭한마리／タッカンマリ

110 豚の腸詰めスープ 순댓국／スンデクッ

112 豚クッパ 돼지국밥／テジクッパッ

114 部隊チゲ 부대찌개／プデチゲ

116 タラ鍋 대구탕／テグタン

117 アンコウ鍋 아귀탕／アギィタン

118 スープトッポッキ 국물떡볶이／クンムルトッポッキ

120 じゃがいもと豚の背骨の鍋 감자탕／カムジャタン

スープに合わせるおかず 2

122 卵焼き 계란말이／ケランマリ

122 茎ワカメの炒め物 미역줄기볶음／ミョクチュルギボックム

123 煮干しとアーモンドの炒め物 멸치아몬드볶음／ミョルチアモンドゥボックム

123 れんこんのきんぴら 연근조림／ヨングンジョリム

124 じゃがいもの炒め物 감자볶음／カムジャボックム

124 韓国おでんの炒め物 어묵볶음／オムクボックム

125 豆腐の煮つけ 두부조림／トゥブジョリム

125 牛肉とうずらの卵のしょうゆ煮 소고기메추리알장조림／ソコギメチュリアルジャンジョリム

126 出汁別さくいん

クンムルに使う 基本のスープ の取り方

本格的なクンムルを作るために、まずはベースのスープを取ることから始めましょう。
まとめて作って小分けにし、すぐに使わない場合は冷凍保存するのがおすすめです。

牛骨スープ

漢字では「四骨肉水」と書く、韓国らしい基本のスープのひとつ。特にソルロンタン（P.40）には欠かせません。

소 사 골 육 수 / ソサゴルユクス

保存 冷凍で1ヵ月程度

材料（作りやすい分量）
牛骨 …… 1kg
水 …… 3L（1回目）+3L（2回目）
長ねぎの青い部分 …… 2本分
にんにく …… 4片

作り方

1 牛骨はキッチンペーパーで拭く。鍋に牛骨と牛骨がかぶる量の水（分量外）を入れて強火にかけ、沸騰したらアクを取ってそのまま5分加熱する。

2 ザルにあげて茹で汁を捨てる。牛骨は水（分量外）で洗い、余分な脂を取り除く。

3 鍋に2の牛骨と分量の水3L（1回目）を入れて強火にかけ、アクが出たら取り除く。長ねぎの青い部分とにんにくを入れて、中火で約5時間、水量が1/3になるまで煮込む。水が少なくなりすぎたら、途中で足す。

4 3をザルで濾して、牛骨、長ねぎの青い部分、にんにくを取り除いたら、スープを自然に冷ます。牛骨は取っておく。冷めたら冷蔵庫に半日入れ、固まった脂を取り除く。

5 鍋に4で取り除いておいた牛骨と水3L（2回目）を入れて強火にかけ、沸騰したら中火に落として約5時間、水量が1/3になるまで煮込む。水が少なくなりすぎたら、途中で足す。

6 5をザルにあげて、牛骨を取り除いたら、スープを自然に冷ます。冷めたら冷蔵庫に半日入れ、固まった脂を取り除き、1回目のスープと2回目のスープを混ぜる。

Point

1回目に取ったスープは脂が多く、コクがあり、色がやや黄色くなります。2回目に取ったスープの方が乳白色で脂が少ないため、1回目と2回目のスープを混ぜると、味のバランスがよくなります。骨（写真）に髄が残っていたら、3回目も煮出せます。

豚骨スープ

「テジ」は豚のこと。韓国のスープ文化を支える重要なスープです。テジクッパ（P.112）やスンデクッ（P.110）に欠かせません。

保存 冷凍で1ヵ月程度

돼지사골육수／テジサゴルユクス

材料（作りやすい分量）
豚背骨 —— 1kg
水 —— 3L
長ねぎの青い部分 —— 2本分
にんにく —— 2片
しょうが —— 2片

Point
豚背骨が手に入らない場合は、豚げんこつ（豚の大腿骨）でもスープを取ることが可能です。

作り方

1. 豚背骨の溝にある白い部分を取り除き、キッチンペーパーで拭く。鍋に豚背骨と豚背骨がかぶる量の水（分量外）を入れて強火にかけ、沸騰したらアクを取ってそのまま5分加熱する。
2. ザルにあげて、茹で汁を捨てる。豚背骨は水（分量外）で洗い、余分な脂を取り除く。
3. 鍋に2の豚背骨と分量の水を入れて強火にかけ、アクが出たら取り除く。長ねぎの青い部分とにんにく、しょうがを入れて約5時間、水が半量になるまで煮込む。水が少なくなりすぎたら、途中で足す。
4. 3をザルにあげて、豚背骨、長ねぎの青い部分、にんにく、しょうがを取り除いたら、スープを自然に冷ます。冷めたら冷蔵庫に半日入れ、固まった脂を取り除く。

牛肉スープ

牛骨よりもさっぱりとした味わいで、スープを取るために使った牛肉は具にできます。

保存 冷凍で1ヵ月程度

具として使う牛肉は、スープとは分けて冷凍保存する。

소고기육수／ソコギユクス

材料（作りやすい分量）
牛塊肉（肩肉・スネ肉） —— 各500g
水 —— 3L
長ねぎの青い部分 —— 2本分
にんにく —— 4片

Point
肉の種類は肩肉だけ、またはスネ肉だけでもOK。スープを取った後の肉はソルロンタン（P.40）やユッケジャン（P.86）などで具として使います。

作り方

1. 牛塊肉2種類はキッチンペーパーで拭いたら、水と共に鍋に入れて強火にかけ、アクを丁寧に取り除く。火を弱火に落として、長ねぎの青い部分とにんにくを入れて約1時間半、水が半量になるまで煮込む。水が少なくなりすぎたら、途中で足す。
2. ザルにあげて、牛肉、長ねぎの青い部分、にんにくを取り除いたら、スープを自然に冷ます。冷めたら冷蔵庫に半日入れ、固まった脂を取り除く。

韓国では肉類は水に浸けたり洗ったりしてから調理をしますが、日本の農林水産省は肉の水洗いを推奨していないので、日本の方法に従った方法にしています。

保存 冷凍で1ヵ月程度

煮干しと昆布の出汁

韓国で一番使われている基本の出汁。
短い時間で出汁が取れる上、うま味が強いのが特徴です。

멸치다시마육수 / ミョルチダシマユクス

材料（作りやすい分量）
煮干し（頭と内臓を取ったもの）…… 10g
昆布（キッチンペーパーで拭く）…… 10g
水 …… 1L

作り方
1. 鍋に水、煮干し、昆布を入れて、30分ほど浸けておく。
2. 鍋を中火にかけ、沸騰する直前に昆布を取り出す。沸騰したらアクを取り、5分ほど煮てキッチンペーパーで濾す。

Point
頭と内臓を取った煮干しと昆布を水に入れて、一晩冷蔵庫に置くだけでもすっきりとした出汁が取れます。煮干しの匂いが気になる場合は、フライパンで乾煎りしてから使うとよいでしょう。煮出す際に、大根や長ねぎの青い部分を入れると、野菜の甘味も出ておいしくなります。

普段使いに便利なスープの素

出汁を作る時間が取れないときは、即席のスープの素を使ってもよいでしょう。
商品によって塩分が含まれているものもあるので、調味料の量を調整してください。

① 韓国メーカーの出汁の素
韓国の一般家庭でもよく使われる、粉末タイプの出汁の素で、ベーシックな牛肉ベースのほかに、アサリベース、煮干しベースタイプがある。牛肉ベースは、基本の牛肉スープの代わりに使える。

② 韓国メーカーのタブレット型出汁の素
牛骨と玉ねぎや長ねぎ、大根などの野菜のうま味も加わった、タブレットタイプの出汁の素。韓国食材店のほか、インターネットで入手可能。基本の牛骨スープの代わりに使える。

③ 顆粒のガラスープなど
ガラスープはうま味調味料無添加のものがおすすめ。鶏肉を使ったスープの出汁として代用できる。韓国だしは牛エキスをベースに、鶏肉、豚肉、魚介のうま味を加えたもので、基本の牛肉スープの代わりに。白湯スープは豚エキスをベースに、野菜や鶏のうま味を加えたもので、基本の豚骨スープの代わりに使える。

④ 顆粒のいりこ出汁・昆布出汁
基本の煮干しと昆布の出汁、煮干し出汁、昆布出汁の代わりに使える、日本製の出汁の素。食塩が入っていないものが使いやすい。

保存
冷凍で
1ヵ月程度

煮干し出汁

煮干しの香ばしさがあふれるシンプルなスープ。
韓国味噌（テンジャン）を使ったチゲとの相性がよい出汁です。

멸치육수
／ミョルチユクス

材料（作りやすい分量）
煮干し（頭と内臓を取ったもの）⋯⋯ 20g
水 ⋯⋯ 1L

作り方
1 鍋に水、煮干しを入れて、30分ほど浸けておく。
2 鍋を中火にかけ、沸騰したらアクを取って5分ほど煮る。キッチンペーパーで濾す。

Point

頭と内臓を取った煮干しを水に入れて、一晩冷蔵庫に置くだけでも、すっきりとした出汁が取れます。煮干しの匂いが気になる場合は、フライパンで乾煎りしてから使うとよいでしょう。また韓国では、カタクチイワシの煮干しと同じくらいサッパ（ママカリ）の煮干しを使います。こちらもよく出汁が出るので、手に入ったら一度試してみましょう。

保存
冷凍で
1ヵ月程度

昆布出汁

素材の味を邪魔しない上品な出汁で、
韓国の精進料理でよく使われています。

다시마육수
／ダシマユクス

材料（作りやすい分量）
昆布（キッチンペーパーで拭く）⋯⋯ 20g
水 ⋯⋯ 1L

作り方
1 鍋に水と昆布を入れて、30分ほど浸けておく。
2 鍋を中火にかけ、沸騰する直前に火を止めて、キッチンペーパーで濾す。

Point

昆布は細かく切らず、大きいまま使用するとぬめりが出にくくなります。また、昆布を水に入れて、一晩冷蔵庫に置くだけでも、すっきりとした出汁が取れます。

スープに使う米のとぎ汁

韓国では米のとぎ汁をキムチチゲやテンジャンチゲによく使います。米の成分である炭水化物、ビタミンB、ビタミンE、ミネラルなどが溶け出して栄養価があるので、とぎ汁も出汁のひとつと考えてもいいでしょう。出汁の代わりにとぎ汁を使う場合は、1回目は捨てて、2〜3回目のものを使いましょう。

クンムルに使う 調味料

クンムルに使う基本的な調味料について知っておきましょう。
韓国特有のものは、韓国食料品店やインターネットで購入できます。

塩（天日塩〈粗塩〉・花塩）

韓国の塩は日本の塩と製法が異なり、にがりが少ないのが特徴。天日塩（粗塩）はカルシウムやマグネシウムなどのミネラルが豊富。木造の倉庫で数年保存した天日塩は、ほどよくにがりが抜けてサラサラとしている。塩漬けに使うことが多いが、スープの味つけに使うこともある。花塩は、天日塩を精製水に溶かして不純物を取り除いた後、再び加熱して結晶化させた純度の高い精製塩。粒子が細かいので、料理の味つけに使いやすい。

天日塩（粗塩）　　　花塩

韓国しょうゆ

韓国のしょうゆには風味や色の濃い陳しょうゆ（チンカンジャン）、日本のしょうゆに似た醸造しょうゆ（ヤンジョカンジャン）、色が薄く風味も柔らかな汁しょうゆ（クッカンジャン）などがあるが、クンムルにはクッカンジャンが使いやすい。スープの味つけに日本のしょうゆを使う場合は、薄口しょうゆを使うとよい。

イワシの魚醤

内臓と頭がついたままのカタクチイワシと天日塩を合わせて、6ヵ月以上熟成させて作られる発酵調味料。カタクチイワシの内臓に含まれる消化酵素がカタクチイワシ自体のタンパク質を分解してアミノ酸などを作り出すため、うま味が強い。韓国ではキムチやチゲ、ナムルの味つけとしてよく使う。甘味料などの添加物不使用のものがおすすめ。

韓国味噌

大豆を茹でてすりつぶしたものを固めて稲わらで発酵させた大豆麹（メジュ）に、塩水、炭、なつめ、乾燥唐辛子を甕に入れてさらに1ヵ月半以上発酵させる。甕に入れた塩水が汁しょうゆ（クッカンジャン）になり、大豆麹が味噌（テンジャン）になる。テンジャンは煮立てれば煮立てるほど風味が増すので、クンムルに使うときは最初に加える。

コチュジャン

もち米に唐辛子粉、麦芽、大豆麹、塩などを混ぜて発酵させたもの。こってりとした甘味とほどよい辛味で、汁ものの味つけに使うと濃厚な味わいを持たせることができる。伝統的な製法のものは伝統甕（オンギ）で発酵・熟成される。有名な産地は全羅北道（チョルラブクド）の淳昌（スンチャン）で、スンチャンコチュジャンは、朝鮮時代に王様に献上されていた。

アミの塩辛

アミエビを塩漬けにして発酵させたもの。韓国ではキムチに多用するほか、茹でた豚と合わせて食べたり、汁ものの味つけに使ったりする。アミエビを漁獲する時期によって名称が変わり、6月に漁獲したものは「六月の塩辛（ユッジョ）」といい、大きさがあり脂がのっている。また、秋に漁獲したものは「秋の塩辛（チュジョ）」といい、小ぶりでさっぱりとしている。

梅エキス

酸味と甘味を加えたいときに便利。料理に使うほか、水や湯で割って飲み物にすることも。手作りも可能で、青梅と砂糖を1対1の割合で混ぜて保存容器に入れ、3ヵ月ほど熟成させた後、濾す（冷蔵庫で数年も保存が可能）。

クンムルは味変を楽しもう！

クンムルはほぼ味つけをせずに食卓に出して、食べる人が好みの味つけをするものも多くあります。また食べながら味を足したり、変えたりすることも。自分好みの味を楽しみましょう。

食卓での味つけ、味変に使うもの

① **花塩** …… 食卓で自分好みに味つけをする際に使う塩は、粒子の細かい花塩が使いやすいが、天日塩でもよい。

② **塩&こしょう** …… 花塩と韓国こしょうを混ぜたもの。

③ **アミの塩辛** …… 塩よりも、さらにうま味をプラスしたいときに。一度に入れすぎずに、少しずつ入れるとよい。

④ **タデギ** …… 粉唐辛子ににんにく、しょうゆなどを混ぜたもの（レシピは60ページ）。途中で加えて味変に。

⑤ **白菜キムチ・大根キムチ** …… そのままスープに加えて味も見た目もボリュームアップするほか、汁だけを加えて酸味と辛味をプラスする場合も。

⑥ **青唐辛子の小口切り** …… フレッシュな辛味をプラスできる青唐辛子。小口切りにして保存容器に入れ、冷凍庫で保存しておくと便利。

具につけて食べるもの

⑦ **しょうゆヤンニョム**（107ページ参照）…… スープの具の肉につけて食べる。味のアクセントになり、肉が一層おいしく感じられる。

⑧ **酢・からし** …… 主にタッカンマリの具につけて食べるのに使う。酢とからしにタデギを混ぜるなど、好みの味を作ってみよう！

韓国スープの器

韓国のスープを食べるときは普段使いの陶磁器のお碗のほか、土鍋（トゥッペギ）、ステンレス製のどんぶり、真鍮の器などを使います。日本でも手に入るものもあるので、器も韓国風にして楽しんでみましょう。

陶磁器の茶碗セット

写真右は汁用のお碗、左はご飯用茶碗。韓国の食事は器を持たずに食べるので、下が平たくどっしりとしているのが特徴。茶碗はステンレス製もある。

土鍋（トゥッペギ）

写真右の縁なしのものはソルロンタンなど、写真左のように縁があるものは純豆腐チゲなどに使われる。直接火にかけて使うので、写真左の下に敷いている受け皿があると便利。

ステンレス製のどんぶり

写真右のように厚手で立ち上がりの深いものは温かい麺やご飯入りの汁もの用。左の薄手のものは冷麺など冷たいものに使う。

箸（チョッカラッ）とスプーン（スッカラッ）

ステンレス製が多い。家庭の場合は箸とスプーンを器を並べた食卓の右側に縦に置く。

真鍮の器

銅と亜鉛を混ぜ合わせた合金で作る真鍮の器は、高麗時代からすでに存在していた。朝鮮時代に入ると、貧しい家でも真鍮の器を3つは持っていたそう。真鍮の器は保温性に優れていたため、冬に使われることが多かった。

Part 1

毎日の食卓に！

すぐに作れる韓国家庭のクンムル

それほど時間をかけずに簡単に作れる、
韓国の家庭でもよく作られているクンムルです。

純豆腐チゲ

ドラマ「梨泰院(イテウォン)クラス」をはじめ、さまざまなドラマにも登場する、アサリと豆腐を使ったスープ。
韓国では専門店もありますが、家庭でもよく食べられており、日本の韓国料理店でも、必ずといっていいほどメニューにあります。

材料（2人分）

- アサリ —— 100g
- おぼろ豆腐 —— 200g
- 玉ねぎ —— 1/4個
- 長ねぎ（小口切り）—— 1/8本
- しめじ —— 50g
- 卵 —— 1個
- 煮干しと昆布の出汁
  （14ページ参照）—— 400mL
- タデギ（60ページ参照）
  —— 大さじ1と1/2
- 塩 —— 適量
- サラダ油 —— 小さじ2

作り方

1. アサリは塩水（分量外）に浸けて砂抜きをし、水でよく洗ってザルにあげる。
2. 玉ねぎは1cm角に切り、しめじはほぐす。
3. 土鍋にサラダ油を引き、中火で玉ねぎとタデギを炒める。玉ねぎがしんなりしたら、アサリ、煮干しと昆布の出汁を入れて強火にかける。
4. 沸騰してアサリの口が開いたら、おぼろ豆腐、しめじを入れて中火で約2分煮て、塩で味を調える。長ねぎを入れ、卵を割り入れてひと煮立ちさせる。

> **Memo**
>
> 味変に使うことの多いタデギですが、ここでは調味料として使用。炒めることで香ばしさが出ます。アサリの代わりに、豚肉、牛肉、カキなどもおすすめです。

순두부찌개 /スンドゥブチゲ

매생이굴국 / メセンイクルクッ

カプサアオノリとカキのスープ

韓国語で「メセンイ」と呼ばれるカプサアオノリ。
冬の珍味と言われますが、今では乾燥したものが通年手に入ります。
カキと合わせたこのスープは、韓国の慶尚南道の河東や
　　　　　　　　　　　　　　　キョンサンナムド　ハドン
全羅南道の高興の郷土料理で、家庭でも簡単に作れます。
チョルラナムド　コフン

材料(2人分)

カプサアオノリ(乾燥) ── 4g
カキ(加熱用) ── 100g
煮干し出汁(15ページ参照) ── 400mL
にんにく(みじん切り) ── 小さじ1
薄口しょうゆ ── 小さじ2
塩 ── 適量
赤唐辛子(小口切り) ── 適宜
ごま油 ── 小さじ1/2

作り方

1 カキは塩水(分量外)でよく洗い、汚れを取り除いてザルにあげる。

2 鍋に煮干し出汁とカプサアオノリを入れて強火にかけ、沸騰したらアクを取り、にんにくを入れる。

3 カキに火が通ったら、薄口しょうゆと塩で味を調える。器に盛りつけ、ごま油を加えて、赤唐辛子を飾る。

白菜の外葉の味噌チゲ

ウゴジとは野菜の外側の葉のことで、主に白菜を指します。捨てがちな白菜のウゴジを活用したこのスープは韓国の家庭料理で、見た目の地味さに比べて、深い味わいが魅力です。

材料（2人分）

- 白菜の外葉 ── 2枚
- 牛肉（切り落とし）── 50g
- 長ねぎ（小口切り）── 1/8本
- 煮干しと昆布の出汁
  （14ページ参照。
  米のとぎ汁でもよい）── 400mL
- にんにく（みじん切り）── 小さじ1
- 韓国産粉唐辛子 ── 大さじ1/2
- 赤唐辛子（小口切り）── 適宜
- 韓国味噌 ── 大さじ2
- サラダ油 ── 小さじ1

作り方

1. 鍋にたっぷりの湯を沸騰させ、白菜の外葉と塩少量（分量外）を入れて約7分茹でる。水に浸けて洗い、ザルにあげて水気をきって食べやすい大きさに切る。
2. 鍋にサラダ油を引き、中火にして牛肉を炒める。牛肉の色が変わったら、1、煮干しと昆布の出汁、韓国味噌を入れて強火にする。沸騰したらアクを取り、にんにく、韓国産粉唐辛子を入れて蓋をし、約5分煮る。
3. 長ねぎと赤唐辛子を加えてひと煮立ちさせる。味を見て足りなければ、韓国味噌を足す。

Memo

韓国ではキムチを漬ける際に白菜の外葉が多く出るので、茹でたり、茹でたものを干して食べます。まとめて茹でたら、小分けにして冷凍保存するのがおすすめ。

우거지된장찌개 / ウゴジテンジャンチゲ

豚肉の味噌チゲ

ドラマ「私たちのブルース」で
「母さんのテンジャンチゲ以外はまずい」というセリフが
あったくらい、韓国の家庭で一番慣れ親しまれている味。
じゃがいも、豚肉、韓国かぼちゃは定番の組み合わせです。

材料(2人分)

じゃがいも(小) ── 1個
韓国かぼちゃ(またはズッキーニ)
　── 1/4本
豚肉(切り落とし) ── 50g
長ねぎ(小口切り) ── 1/8本
木綿豆腐 ── 100g
煮干し出汁(15ページ参照) ── 200mL
米のとぎ汁(15ページ参照。
　なければ煮干し出汁) ── 200mL
にんにく(みじん切り) ── 小さじ1
韓国産粉唐辛子 ── 大さじ1/2
赤唐辛子(小口切り) ── 適宜
韓国味噌 ── 大さじ2

作り方

1 じゃがいもは幅5mmの半月切り(またはいちょう切り)にする。水(分量外)に5分ほどさらして、ザルにあげる。

2 韓国かぼちゃは幅5mmの半月切り、木綿豆腐は角切りにする。豚肉は、ひと口サイズに切る。

3 鍋に豚肉を入れて炒め、煮干し出汁と米のとぎ汁、韓国味噌、じゃがいもを入れて強火にかける。沸騰したらアクを取り除き、にんにく、韓国産粉唐辛子を入れ、蓋をして弱火で約5分煮る。

4 韓国かぼちゃと木綿豆腐を加えてさらに1分ほど煮たら、赤唐辛子と長ねぎを入れてひと煮立ちさせる。味を見て足りなければ、韓国味噌を足す。

> **Memo**
>
> 韓国の味噌、テンジャンは日本の味噌とは異なり、最初に入れることで風味が増します。日本の味噌を使う場合は、最後に溶き入れ、量を加減しましょう。

Part 1 ｜ すぐに作れる韓国家庭のクンムル

돼지고기된장찌개 / テジコギテンジャンチゲ

버섯된장찌개 / ポソッテンジャンチゲ

きのこの味噌チゲ

さまざまなきのこの魅力をひとつにしたチゲ。
手に入りやすいきのこで作りましたが、韓国ではヒラタケもよく使います。
ボリュームを出したい場合は、牛肉を入れても美味!

材料(2人分)

エリンギ —— 1本
えのきだけ —— 50g
しめじ —— 50g
長ねぎ(小口切り)—— 1/8本
木綿豆腐 —— 100g
煮干しと昆布の出汁(14ページ参照)—— 400mL
にんにく(みじん切り)—— 大さじ1/2
韓国産粉唐辛子 —— 大さじ1/2
赤唐辛子(小口切り)—— 適宜
韓国味噌 —— 大さじ2

作り方

1 エリンギは長さを半分に切り、縦に半分にしてから薄切りにする。えのきだけは長さを半分に切りほぐす。しめじもほぐす。

2 木綿豆腐は角切りにする。

3 鍋に煮干しと昆布の出汁、韓国味噌、エリンギ、えのきだけ、しめじを入れて沸騰させる。アクを取り除き、にんにく、韓国産粉唐辛子を入れて蓋をし、弱火で約2分煮る。

4 木綿豆腐を加えて約1分煮たら、長ねぎと赤唐辛子を入れてひと煮立ちさせる。

キムチと豆もやしのスープ

豆もやしとキムチの食感が楽しいスープ。
白菜キムチは、熟成して酸味のあるキムチ（シンキムチ）を使うと、煮込むほどにうま味が増します。

材料（2人分）
白菜キムチ（カット済み）── 100g
豆もやし（ひげ根を取る）── 100g
長ねぎ（小口切り）── 1/8本
水 ── 400mL
にんにく（みじん切り）── 小さじ1/2
韓国産粉唐辛子 ── 小さじ1
魚醤 ── 大さじ1/2
砂糖 ── 小さじ1/2
薄口しょうゆ ── 大さじ1/2
塩 ── 適量

作り方
1. 鍋に水、白菜キムチ、魚醤、砂糖を入れて強火にかける。沸騰したらアクを取り、にんにく、韓国産粉唐辛子を入れて蓋をして、弱火で約5分煮る。
2. 豆もやしを加えて蓋をし、さらに弱火で5分煮る。薄口しょうゆと塩で味を調え、長ねぎを入れてひと煮立ちさせる。

Memo
韓国産の太い豆もやしを見つけたら、ぜひ使ってみて！　砂糖はシンキムチの酸味をまろやかに。また、魚醤を加えることでスープの味に深みが増します。

김치콩나물국／キムチコンナムルクッ

アサリスープ

春の訪れを感じるスープ。旬のアサリをたっぷり使って
うま味を残さず味わいます。
生の赤唐辛子と青唐辛子をきかせるのが韓国流!

材料(2人分)

アサリ —— 200g
長ねぎ(小口切り)—— 1/8本
水 —— 400mL
にんにく(みじん切り)—— 小さじ1
赤唐辛子(小口切り)—— 適宜
青唐辛子(小口切り)—— 適宜
酒 —— 大さじ1/2
塩 —— 適量

作り方

1. アサリは塩水(分量外)に1時間ほど浸けて砂抜きする。よく洗って、ザルにあげる。
2. 鍋にアサリ、水、酒を入れて強火にし、沸騰したらアクを取り、中火にする。にんにくを加え、アサリの口が開いたら塩で味を調える。赤唐辛子、青唐辛子、長ねぎを入れてひと煮立ちさせる。

Memo

冷凍のアサリを使う場合は、解答時に溶け出した汁もスープに入れましょう。お好みですいとんを入れるのもおすすめです。

スープの出汁にもなるアサリは韓国の西海岸で採れる

韓国でのアサリの産地は西海岸。なかでも一番の産地は、全北特別自治道〈通称：全羅北道(チョルラブクド)〉の高敵(コチャン)で、韓国全体の産出量の4割を占めます。2019年、高敵の伝統市場を活性化する目的で「アサリラーメン」の販売を市場で開始。高敵は、地域全体がユネスコ生物圏保存地域に指定されています。アサリの他にも、イイダコやウナギなども名物とされています。

바지락조개탕 / パジラクチョゲタン

豚肉のコチュジャンチゲ

韓国ではキャンプをするときによく作る、別名キャンピングチゲ。秋夕（チュソク）や旧正月のごちそうで残ったナムルやチヂミを、コチュジャンチゲにして食べることもあります。

材料（2人分）

じゃがいも（小） — 1個
豚肉（切り落とし） — 50g
韓国かぼちゃ（またはズッキーニ） — 1/4本
長ねぎ（小口切り） — 1/8本
木綿豆腐 — 100g
水 — 400mL
にんにく（みじん切り） — 小さじ1
赤唐辛子（小口切り） — 適宜
魚醤 — 大さじ1/2
コチュジャン — 大さじ1と1/2

作り方

1 じゃがいもは幅5mmの半月切り（またはいちょう切り）にする。水（分量外）に約5分さらして、ザルにあげる。

2 韓国かぼちゃは幅5mmの半月切り、木綿豆腐は角切りに、豚肉はひと口サイズに切る。

3 鍋に豚肉を入れて炒め、水、魚醤、コチュジャン、じゃがいもを入れて強火で沸騰させ、アクを取り除く。にんにくを入れて蓋をし、弱火で約5分煮る。

4 韓国かぼちゃと木綿豆腐を加えて約1分煮る。長ねぎ、赤唐辛子を入れてひと煮立ちさせる。

돼지고기고추장찌개 / テジコギコチュジャンチゲ

イカのコチュジャンチゲ

定番コチュジャンチゲのアレンジバージョン。
イカは短時間で火を通すことで、プリプリとした食感が楽しめます。
カット済みの冷凍品でもいいので気軽に作れますよ。

材料（2人分）

イカ（切り身）—— 100g
玉ねぎ —— 1/2個
韓国かぼちゃ（またはズッキーニ）—— 1/4本
長ねぎ（小口切り）—— 1/8本
木綿豆腐 —— 100g
煮干しと昆布の出汁（14ページ参照）—— 400mL
にんにく（みじん切り）—— 小さじ1
赤唐辛子（小口切り）—— 適宜
コチュジャン —— 大さじ2

作り方

1 玉ねぎは1.5cm角に切り、韓国かぼちゃは幅5mmの半月切りにする。

2 木綿豆腐は角切り、イカはひと口大に切る。

3 鍋に煮干しと昆布の出汁、コチュジャン、玉ねぎを入れて強火で沸騰させ、アクを取り除く。にんにくを入れて蓋をし、弱火で約2分煮る。

4 イカを加えて約1分煮たら、木綿豆腐と韓国かぼちゃを入れてさらに1分ほど煮る。長ねぎ、赤唐辛子を入れてひと煮立ちさせる。

오징어고추장찌개 / オジンオコチュジャンチゲ

고등어고추장찌개／コドゥンオコチュジャンチゲ

サバ缶のコチュジャンチゲ

サバのうま味がスープに染み出るコチュジャンチゲ。
缶詰を常備しておけば、買い物に行けない日でも作れます。
汁もすべて使うのがポイントです。

材料（2人分）

サバ缶 —— 1缶（190g）
玉ねぎ —— 1/2個
しめじ —— 50g
木綿豆腐 —— 100g
水 —— 350mL
にんにく（みじん切り）—— 小さじ1
コチュジャン —— 大さじ2
小ねぎ（小口切り）—— 適量

作り方

1 玉ねぎは1.5cm角に切り、しめじはほぐしておく。木綿豆腐は角切りにする。

2 鍋に水、サバ缶の汁、コチュジャン、玉ねぎを入れて沸騰させ、アクを取り除く。にんにくを入れて蓋をし、弱火で約5分煮る。

3 サバ缶を崩しながら加え、しめじ、木綿豆腐を入れて約1分煮る。火を止めて小ねぎを入れる。

ツナのキムチチゲ

韓国のスーパーではさまざまな種類のツナが売られています。
だからツナを使ったチゲは、豚肉のキムチチゲとともに
キムチチゲの二大巨頭のひとつ。韓国には専門店もあります。

材料(2人分)

- ツナ缶(オイル漬け)── 1缶(70g)
- 白菜キムチ(カット済み)── 200g
- 玉ねぎ ── 1/4個
- 木綿豆腐 ── 100g
- 水 ── 400mL
- にんにく(みじん切り)── 小さじ1
- 砂糖 ── 小さじ1/2
- アミの塩辛 ── 小さじ2
- 薄口しょうゆ ── 小さじ1/2
- 塩 ── 適量
- 小ねぎ(小口切り)── 適量
- サラダ油 ── 大さじ1/2

作り方

1. 玉ねぎは薄切りに、木綿豆腐はひと口サイズに切る。
2. 鍋にサラダ油を引いて中火にし、白菜キムチ、玉ねぎ、砂糖を入れて野菜がしんなりするまで炒める。
3. 水を加えて強火にし、沸騰したらアクを取る。にんにく、アミの塩辛、薄口しょうゆを加える。蓋をして弱火に落とし、約10分煮る。
4. 3に油を切ったツナ、木綿豆腐を入れて1分煮る。塩で味を調えたら火を止め、小ねぎを入れる。

참치김치찌개 /チャムチキムチチゲ

오이미역냉국 ／オイミヨクネンクッ

きゅうりとワカメの冷たいスープ

冷たくてするりと喉を通る、夏の定番スープ。
暑い日が続いて食欲がないときにピッタリです。
梅エキスとお酢を使った酸味と甘味のハーモニーがたまりません。

材料（2人分）

乾燥ワカメ ── 5g
きゅうり ── 1/4本
水 ── 420mL
A ┌ 薄口しょうゆ ── 大さじ1
　├ 酢 ── 大さじ1/2
　└ 梅エキス ── 大さじ1/2
塩 ── 少々
白ごま ── 小さじ1/2
氷 ── 適宜

作り方

1 乾燥ワカメは水200mLで戻してザルにあげ、戻し汁は取っておく。鍋に水220mLを入れて強火にかけ、沸騰したらワカメを入れて中弱火で5分煮る。鍋からボウルに移し、ワカメの戻し汁を戻し入れて、ボウルごと氷水で冷やす。

2 きゅうりは千切りにする。

3 1のボウルに2のきゅうり、Aを入れて塩で味を調える。冷蔵庫に入れて冷やし、器に盛りつけたら白ごまをふり、氷を入れる。

도토리묵냉국 / トトリムクネンクッ

Memo
味をしっかりつけた方がおいしい！　どんぐり豆腐は野菜と合わせてサラダのようにし、おかず（パンチャン）としても食べます。

どんぐり豆腐の冷たいスープ

どんぐり豆腐は、どんぐりをすりつぶして取り出したでんぷんを豆腐状に固めたもので、精進料理でよく使う食材。
カロリーが低いので、ダイエット向きのスープです。

材料（2人分）
どんぐり豆腐（寒天）── 200g
白菜キムチ（カット済み）── 50g
水 ── 400mL
A ┌ 薄口しょうゆ ── 大さじ1
　├ 酢 ── 大さじ1/2
　└ 梅エキス ── 大さじ1/2
塩 ── 少々
白ごま ── 小さじ1/2
氷 ── 適宜

作り方
1　どんぐり豆腐は幅7mmの棒状に切る。白菜キムチをどんぐり豆腐と同じ大きさに切る。
2　ボウルにどんぐり豆腐、水、Aを入れて塩で味を調えたら、冷蔵庫に入れて冷やす。器に盛りつけ、白菜キムチをのせて、白ごまをふり、氷を入れる。

キムチのご飯入り冷たいスープ

夏の別味(ビョルミ)(=格別の味)として知られるスープ。
ソウルの武橋洞(ムギョドン)にはこの味を求めて客が列を作る店もあります。
酸っぱいキムチを汁ごと使うのが味の決め手です。

材料(2人分)

ご飯 —— 2人分
白菜キムチ(カット済み) —— 150g
きゅうり —— 1/4本
水 —— 600mL
白菜キムチの汁 —— 大さじ2
コチュジャン —— 大さじ1/2
砂糖 —— 小さじ1
酢 —— 大さじ1
塩 —— 適量
白ごま —— 小さじ1/2
ごま油 —— 小さじ1
氷 —— 適宜

作り方

1 きゅうりは千切りにする。

2 ボウルに水、白菜キムチの汁、コチュジャン、砂糖、酢を入れてよく混ぜる。白菜キムチを加えて、塩で味を調えたら、冷蔵庫で冷やす。

3 ご飯を水(分量外)で洗いザルにあげたら、器に盛り、**2**を注ぎ入れる。**1**をのせ、白ごまをふり、ごま油を回し入れて、氷を入れる。

Memo

コチュジャンを少し入れることで、さっぱりとした冷たいスープにもコクを出すことができます。ご飯の代わりに素麺を入れてもいいでしょう。

김치말이밥／キムチマリバッ

COLUMN

クッ、チゲ、タン、チョンゴルの違い

　レシピには日本語とともに韓国語の料理名も記載しているのですが、クッ、チゲ、タン、チョンゴル（ジョンゴル）の違いをご存じでしょうか？

　クッ（汁）は具の量が少なく汁が多め。メイン料理として食べるのではなく、ご飯やおかずの引き立て役で、日本の味噌汁のような存在です。

　チゲはクッより具の量が多く汁が少なめ。食べ応えのあるスープです。チゲ自体に「鍋」という意味があります。

　また、タン（湯）は朝鮮時代の宮中で使われていた料理名で、汁（クッ）のことを宮中ではタンと言い、しょうゆで味つけしたもの、祭祀のスープも含まれます。現在のタンはクッの丁寧語であり、クッよりも調理時間が長くメイン料理になります。

　最後のチョンゴルは日本のすき焼きのような料理で、あらかじめ下ごしらえした野菜や肉類をチョンゴル専用の鍋に入れ、カセットコンロ（宮中では火炉）の上にのせて加熱し、取り皿によそって食べます。

大豆もやしのスープ
콩나물국／コンナムルクッ
（75 ページ）

豚肉のキムチチゲ
돼지고기김치찌개
／トゥェジコギキムチチゲ
（50 ページ）

参鶏湯
삼계탕／サムゲタン
（68 ページ）

宮中式豆腐鍋
궁중두부전골
／クンジュントゥブジョンゴル
（80 ページ）

Part 2

> おやすみの日に!

休日にじっくり作る 韓国料理店のクンムル

時間をかけて出汁を取ったり、ぐつぐつ煮込んだり……
韓国料理店でしか食べられないと思っていたクンムルを
おうちで楽しみましょう。

ソルロンタン

ドラマ「メロが体質」では女友達3人で汁を飲みながら盛り上がり、「ザ・グローリー」では復讐のための仕込みをするシーンにソルロンタンの店が登場するなど、お店クンムルの定番。ソウルに思いを馳せながら、休日に時間をかけて作りましょう。

材料(2人分)

- スープを取った牛塊肉（肩肉。13ページ参照）── 100g
- スープを取った牛塊肉（スネ肉。13ページ参照）── 100g
- 牛骨スープ（12ページ参照）── 600mL
- 素麺 ── 20g
- 韓国天日塩 ── 適宜
- こしょう ── 適宜
- 長ねぎ（小口切り）── 適宜
- 大根キムチ ── 適宜
- 白菜キムチ ── 適宜

作り方

1. 素麺を表示通りに茹でてザルにあげ、水で洗う。
2. スープを取った牛塊肉2種類は繊維を断ち切るように薄くスライスする。
3. 鍋に牛骨スープを注ぎ、**2**を入れて強火にかけ、沸騰したら中火に落とす。約2分煮たら、**1**を入れてひと煮立ちさせる。
4. 器に盛り、韓国天日塩、こしょう、長ねぎ、大根キムチ、白菜キムチを添える。

〈食べ方〉食べる際に、塩とこしょうで好みの味にし、長ねぎを入れる。キムチを途中で入れて味変するとよい。

シュルル？ ソンノンダン？ 由来が2つあるソルロンタン

ソルロンタンの由来は大きく2つあります。菜食中心だった高麗時代、後半になると元との交流が盛んになり、元の使節を肉でもてなす必要が出てきました。そこで、肉類を水で煮た料理が作られるように。そこから「シュルル（肉を煮た料理）」を語源とする説がひとつ。もうひとつは朝鮮時代、王様が行う豊作祈願の祭祀で自ら農作業を行った後、一緒に農作業を行った庶民たちに、牛肉スープと酒をふるまったのだとか。王様が農作業の模範を示す場所の先農壇（ソンノンダン）に由来したというものです。

Memo

塊肉はベースの牛肉スープ（13ページ参照）を取った際のものを使います。肩肉、スネ肉の2種類がなければどちらかでもいいでしょう。

설렁탕／ソルロンタン

41

갈비탕 / カルビタン

カルビスープ

1980〜90年代の韓国の結婚式では必ず出たスープ。
韓国では大きな骨つき牛カルビを使いますが、焼肉用を使って
煮込み時間を短縮してもいいでしょう。

材料(2人分)

骨つき牛カルビ(LAカルビ) —— 300g
長ねぎの青い部分 —— 1本分
長ねぎ(小口切り) —— 適量
大根 —— 100g
韓国春雨 —— 30g
水 —— 1.2L
にんにく —— 4片
酒・薄口しょうゆ —— 各大さじ1
塩・こしょう —— 各少々

A ┌ 薄口しょうゆ —— 大さじ1
  │ にんにく(みじん切り) —— 小さじ1/2
  │ 長ねぎ(みじん切り) —— 小さじ1/2
  └ 韓国産粉唐辛子 —— 小さじ1/4

作り方

1 骨つき牛カルビはキッチンペーパーで拭く。鍋に分量の水、カルビ、酒を入れて強火にかける。沸騰したらアクを取り除き、長ねぎの青い部分、にんにくを入れる。中弱火にし、スープが半量になるまで約45分煮る。

2 大根は厚さ5mmの色紙切りにする。韓国春雨は水(分量外)に浸けてから表示通りに茹で、水で洗って水気をきる。

3 1をザルで濾して、長ねぎの青い部分、にんにくを取り除く。鍋にスープ、カルビ、大根を入れ、大根が柔らかくなるまで煮る。薄口しょうゆと長ねぎを加えてひと煮立ちさせ、塩、こしょうで味を調える。

4 器に春雨を入れ、3を盛りつける。
〈食べ方〉骨つき牛カルビは、混ぜたAをつけて食べる。大根キムチや白菜キムチを添えるとよい。

42 Part 2 | 休日にじっくり作る韓国料理店のクンムル

テールスープ

ソルロンタンやコムタンと並び、専門店が多い定番スープ。
骨から肉が外れる程度まで煮込むとおいしいです。
テールにかぶりつきながら食べたい!

材料(2人分)
- 牛テール —— 400g
- 長ねぎの青い部分 —— 1本分
- 大根 —— 100g
- 長ねぎの白い部分(小口切り) —— 1/4本
- 水 —— 1.2L
- にんにく —— 4片
- なつめ —— 2個
- 塩・こしょう —— 各少々
- A ┌ 薄口しょうゆ —— 大さじ1
    │ 酢・砂糖 —— 各大さじ1/2
    └ 白ごま —— 小さじ1/4
- 白菜キムチ・大根キムチ —— 適宜

作り方

1. 牛テールはキッチンペーパーで拭く。鍋に水(分量外)を入れて強火にかけ、沸騰したら牛テールを入れて約5分茹でる。
2. 牛テールをザルにあげて水で洗う。鍋に分量の水、長ねぎの青い部分、牛テール、にんにくを入れて強火で沸騰させ、水が半量になるまで弱火で約1時間半煮る。水が少なくなりすぎたら足す。
3. 大根は厚さ5mmの色紙切りにする。
4. 2をザルで濾して、長ねぎとにんにくを取り除く。スープと牛テールを別にして、スープは冷蔵庫で冷まして固まった脂を取り除く。スープ、牛テール、大根を鍋に入れ、柔らかくなるまで煮る。長ねぎの白い部分と、なつめを加えてひと煮立ちさせ、塩、こしょうで味を調える。

〈食べ方〉テールは混ぜ合わせた**A**をつけて食べる。白菜キムチや大根キムチを入れて食べてもよい。

꼬리곰탕/コリコムタン

餃子スープ

具に豆腐や春雨が入った軽い口当たりで、馬蹄型に包むのが韓国流。
ドラマ「椿の花咲く頃」では恋人が作ったマンドゥクッを
食べすぎてむせ、背中をトントンしてもらうシーンにキュン！

材料(2人分)

餃子の皮（大判）—— 10枚
豚ひき肉 —— 100g
A
- しょうゆ —— 大さじ1/2
- 砂糖 —— 大さじ1/4
- ごま油 —— 大さじ1/4
- にんにく（みじん切り）—— 小さじ1
- こしょう —— 少々

もやし —— 100g
春雨 —— 10g
にら —— 2本
長ねぎ —— 1/4本
木綿豆腐 —— 50g
牛骨スープ（12ページ参照）—— 600mL
塩 —— 適量
小ねぎ（小口切り）—— 適量
糸唐辛子 —— 適宜
B
- しょうゆ —— 大さじ1
- 酢 —— 大さじ1/2
- 砂糖 —— 大さじ1/2
- 白ごま —— 小さじ1/4

作り方

1. もやしは沸騰した湯で約2分茹で、ザルにあげて自然に冷ましたら水気を絞り、みじん切りにする。
2. 春雨は水（分量外）に浸けておく。沸騰した湯で柔らかくなるまで茹で、ザルにあげて流水でよく洗う。水気をきってみじん切りにする。
3. にらと長ねぎは、みじん切りにする。
4. 木綿豆腐はキッチンペーパーに包み、600Wの電子レンジで1分加熱する。
5. ボウルに豚ひき肉と**A**を入れてよく練る。**1**、**2**、**3**を加え、**4**の木綿豆腐も崩しながら入れてよく混ぜ、餃子のあんを作る。10等分に分けておく。
6. 餃子の皮1枚に**5**のあんをのせて、皮の縁に少量の水を塗り、半分に折りたたむ。折りたたんだ両端を繋ぎ合わせて、馬蹄型に包む。
7. 鍋に牛骨スープを入れて強火にかけ、沸騰したら**6**の餃子を入れて中火に落とし、約3分煮る。餃子に火が通ったら、塩で味を調える。器に盛りつけ、糸唐辛子と小ねぎをのせる。

〈食べ方〉**B**を混ぜ合わせておき、餃子をつけながら食べる。

Memo

韓国の一般的な餃子には春雨と豆腐が必ず入ります。もやしの代わりに、刻んだ白菜や白菜キムチを入れても美味。成型は半分に折りたたんだだけでもOKです。

만둣국／マンドゥクッ

시래기된장국 / シレギテンジャンクッ

大根の葉の味噌スープ

乾燥させた大根の葉（シレギ）を使った滋味あふれるスープ。
戻すのに時間がかかるので、一袋買ったらすべて戻して冷凍保存するのがおすすめです。

材料（2人分）
干し大根の葉（シレギ）
　　── 50g（戻した重さ）
牛肉（切り落とし）── 50g
長ねぎ（小口切り）── 1/8本
木綿豆腐 ── 100g
米のとぎ汁 ── 250mL
煮干し出汁（15ページ参照）
　　── 250mL
にんにく（みじん切り）
　　── 大さじ1/2
韓国味噌 ── 大さじ2
サラダ油 ── 小さじ1/2

作り方

1　戻した干し大根の葉を長さ5cmに切り、韓国味噌を揉み込む。木綿豆腐は6等分に、牛肉はひと口サイズに切る。

2　鍋にサラダ油を引き、中火で牛肉を炒める。大根の葉、米のとぎ汁、煮干し出汁を入れて強火にかけ、沸騰したら弱火にする。にんにくを入れ、蓋をして約10分煮る。

3　豆腐を入れて中火で約1分煮たら、長ねぎを入れてひと煮立ちさせる。味見をして足りなければ、韓国味噌を加えて味を調える。

干し大根の葉の戻し方

干し大根の葉とたっぷりの湯をボウルに入れて半日おき、ザルにあげる。戻した干し大根の葉とたっぷりの水を鍋に入れて強火にかけ、沸騰したら弱火で柔らかくなるまで1時間〜1時間半ほど茹でる（圧力鍋の場合は約10分）。ザルにあげて絞り、小分けにして冷凍する（約1ヵ月保存可能）。

홍합알탕／ホンハプアルタン

> **Memo**
> 生のムール貝が手に入らないときは、冷凍で代用してもいいでしょう。解凍時にムール貝から溶け出した汁も出汁に入れること。味がぐっと深まります。

ムール貝とたらこの鍋

ムール貝のあふれる風味と、たらこのプチプチとした食感、
ねっとりとした白子が絶妙のバランスのスープ。
最後はご飯を入れて炒めご飯（ポックンパ）でシメても。

材料（4人分）

ムール貝（冷凍も可）── 8個
生たらこ ── 2腹
タラの白子 ── 100g
長ねぎ ── 1/4本
春菊 ── 1/2束
豆もやし ── 50g
煮干し出汁（15ページ参照）
　── 400mL
タデギ（60ページ参照）── 大さじ3
塩 ── 適量

作り方

1. ムール貝はヒゲを取り、たわしで殻をよく洗う。生たらことタラの白子はひと口大に切る。長ねぎは斜め切り、春菊は長さ5cmに切り揃える。
2. 鍋に煮干し出汁とタデギを入れて強火にかけ、沸騰したら火を止める。一度味を見て、足りなかったら塩で味を調える。
3. 別の鍋にムール貝、生たらこ、タラの白子、豆もやし、長ねぎ、春菊を並べ、**2**のスープを注いで強火にかけて具材に火を通す。

海鮮の味噌チゲ

ワタリガニとアサリからいいうま味が出るので、出汁いらず。
辛いのが苦手なら粉唐辛子は入れなくてもOK！
ワタリガニにしゃぶりついて食べる楽しさを体験してください。

材料（2人分）

切りワタリガニ —— 200g

アサリ —— 100g

しめじ —— 50g

長ねぎ（小口切り）—— 1/4本

木綿豆腐 —— 100g

水 —— 400mL

にんにく（みじん切り）—— 大さじ1/2

赤唐辛子（小口切り）—— 適宜

韓国味噌 —— 大さじ2

韓国産粉唐辛子 —— 大さじ1/2

作り方

1 アサリは塩水（分量外の水300mL、塩9g）に30分ほど浸けて砂抜きをし、水（分量外）で洗ってザルにあげる。

2 しめじはほぐし、木綿豆腐は6等分に切る。

3 鍋に切りワタリガニとアサリ、分量の水、韓国味噌を入れて強火にかけ、沸騰したらアクを取る。にんにく、韓国産粉唐辛子、しめじ、木綿豆腐を入れて約1分煮たら、赤唐辛子と長ねぎを入れてひと煮立ちさせる。味を見て足りなければ、韓国味噌を加えて味を調える。

해물된장찌개 / ヘムルテンジャンチゲ

豚肉のキムチチゲ

韓国人が大好きなチゲのひとつ。韓国家庭でも大定番です。
発酵の進んだ白菜キムチを使うのがポイント。
砂糖を入れることで、キムチの酸味が和らぎます。

材料（2人分）
豚バラ肉（ブロック）── 100g
白菜キムチ（カット済み）── 200g
玉ねぎ ── 1/4個
長ねぎ（小口切り）── 1/4本
木綿豆腐 ── 100g
水 ── 500mL
にんにく（みじん切り）── 小さじ1
韓国産粉唐辛子 ── 小さじ1
砂糖 ── 小さじ1/2
アミの塩辛 ── 小さじ2
薄口しょうゆ ── 小さじ1/2
塩 ── 適量

作り方

1 豚バラ肉は幅5mmに切り、玉ねぎは薄切りにする。木綿豆腐は6等分に切る。

2 鍋に豚バラ肉を入れて炒め、白菜キムチ、玉ねぎ、砂糖を入れて野菜がしんなりするまで炒める。

3 水を加えて強火にし、沸騰したらアクを取る。にんにく、韓国産粉唐辛子、アミの塩辛、薄口しょうゆを加える。蓋をして弱火で約20分煮る。

4 木綿豆腐を入れて約1分煮る。最後に塩で味を調え、長ねぎを入れてひと煮立ちさせる。

> **Memo**
> 豚肉は韓国らしくブロックを使いましたが、切り落としを使ってもかまいません。アミの塩辛がない場合は魚醤を使ってもよいでしょう。

돼지고기김치찌개 /テジコギキムチチゲ

豆乳麺

日本の冷やし中華のような、夏の麺料理。
韓国には夏限定で出すお店もあります。
ドラマ「応答せよ1994」でも、コングクスを食べながら涼んでいるシーンがあります。

材料（2人分）

大豆（乾燥）── 100g
きゅうり ── 1/4本
トマト ── 1/4個
ゆで卵 ── 1個
松の実 ── 大さじ2
素麺 ── 2人前
水 ── 300mL
塩 ── 適量
白ごま ── 小さじ1/2
氷 ── 適宜
砂糖 ── 適宜
白菜キムチ ── 適宜

作り方

1 大豆は前日から800mLの水（分量外）に浸けておく。水ごと鍋に入れ、強火にかけて沸騰したらアクを取り、中弱火で1時間～1時間半ほど茹でる（途中水が少なくなったら足す）。茹でた大豆をザルにあげ、煮汁を200mL取っておく。

2 茹でた大豆、大豆の煮汁、水、松の実をミキサーにかけてなめらかにする。塩で味を調えたら、ボウルに入れて冷蔵庫で冷やす。

3 きゅうりは千切りに、トマトは薄切りにする。ゆで卵は縦に2等分にし、松の実は黒い部分を取り除く。

4 素麺は表示通りに湯がいたら水でよく洗ってザルにあげ、水気をよくきる。器に素麺を盛りつけ、きゅうり、トマト、ゆで卵をのせて3の豆乳を注ぎ、白ごまをふり、氷を浮かべる。
〈食べ方〉食べるときに砂糖を少し入れるとコクが出る。白菜キムチを入れてもよい。

老舗専門店で味わう本場のコングクス

ソウルの市庁エリアにある「晋州会館（チンジュフェグァン）」は、1962年創業のコングクス専門店。朝鮮戦争後、物資や食べ物が不足していた時代に、慶尚南道（キョンサンナムド）晋州（チンジュ）出身の店主が始めたお店。晋州会館のコングクスは、スープがとろりとしていて、麺にからみつくほど濃厚。キムチを入れて食べると、味が引き立ちます。

Memo

豆乳を乾燥大豆から作るのが面倒な場合は水煮大豆を使うと、茹でる手間が省けます。松の実の代わりに、ごまペーストやピーナッツバターを使うのもおすすめ！

콩국수 ／ コングクス

ハマグリのすいとん

粉から作る本格的なすいとん（スジェビ）。ハマグリから出るうま味と磯の香りで、食べ応えも抜群。アサリやホンビノスでも作れます。

材料（2人分）

- ハマグリ —— 200g
- 韓国かぼちゃ（またはズッキーニ）—— 1/8本
- にんじん —— 30g
- 長ねぎ（小口切り）—— 1/4本
- A ┌ 中力粉 —— 1/2カップ
  │ 水 —— 1/4カップ
  └ 塩 —— 少々
- 煮干しと昆布の出汁（14ページ参照）—— 800mL
- にんにく（みじん切り）—— 大さじ1/2
- 薄口しょうゆ —— 大さじ1
- 塩 —— 適量
- 韓国のり —— 適量
- すりごま —— 小さじ1/2
- タデギ（60ページ参照）—— 適宜

作り方

1. すいとんを作る。ボウルにAを入れてよくこね、ラップで包んで30分ほど置いておく。指でつまみながら、ひと口サイズにちぎる。
2. 韓国かぼちゃとにんじんは千切りにする。
3. 鍋に煮干しと昆布の出汁、ハマグリを入れて強火で沸騰させ、にんじん、1のすいとんを入れてアクを取り、にんにくと薄口しょうゆを入れたら中火に落とす。
4. すいとんに火が入ったら、韓国かぼちゃと長ねぎを入れてひと煮立ちさせ、塩で味を調える。器に盛り、ちぎった韓国のりとすりごまをのせる。

〈食べ方〉お好みでタデギを入れる。

대합수제비／テハプスジェビ

굴칼국수 /クルカルグクス

カキ入りうどん

カキがたっぷり入ったカルグクスは韓国の冬の味覚。
麺の代わりにすいとんを入れたり、冷凍うどんを使ってもOK。
タデギで味変して食べるのが楽しい!

材料(2人分)

カキ(加熱用) —— 200g
塩水 —— 1.2L(水1.2L＋塩大さじ2)
長ねぎ —— 1/4本
韓国かぼちゃ(またはズッキーニ)
　　 —— 1/4本
カルグクス用麺 —— 2人分
煮干し出汁(15ページ参照) —— 800mL
にんにく(みじん切り) —— 大さじ1/2
赤唐辛子(小口切り) —— 適宜
薄口しょうゆ —— 大さじ2
塩 —— 適量
タデギ(60ページ参照) —— 適宜

作り方

1　カキは塩水の半量に入れて揉み洗いをしたら塩水を捨て、残りの塩水で揉み洗いをする。最後に水洗いをして、ザルにあげる。

2　長ねぎは斜め切り、韓国かぼちゃは千切りにする。

3　鍋に煮干し出汁を入れて強火で沸騰させ、さっと洗って粉を落としたカルグクス用麺を入れる。アクを取り、にんにく、薄口しょうゆを入れて中火に落として麺の表示通りに茹でる。

4　カキを加えて火が通ったら、韓国かぼちゃ、長ねぎ、赤唐辛子を入れてひと煮立ちさせ、塩で味を調える。
　〈食べ方〉お好みでタデギを入れる。

冷麺

元々は冬に食べていたものですが、製氷技術の発達で夏に食べられるようになりました。水キムチと牛肉のスープを利用した本格派です。

材料(2人分)

- 冷麺用の麺 —— 2人分
- スープを取った牛塊肉(肩肉。13ページ参照) —— 100g
- きゅうり —— 1/4本
- 水キムチの大根(58ページ参照) —— 60g
- りんご(または梨) —— 適宜
- ゆで卵 —— 1個
- 牛肉スープ(13ページ参照) —— 600mL
- 水キムチの汁(58ページ参照) —— 200mL
- 薄口しょうゆ —— 大さじ1
- 塩 —— 適量
- 氷 —— 適宜
- タデギ・酢・からし —— 適宜

作り方

1. 牛肉スープと水キムチの汁を合わせて、薄口しょうゆと塩で味を調え、冷蔵庫で冷やしておく。
2. きゅうり、水キムチの大根、りんごは薄切りにする。牛塊肉は繊維を断ち切るように薄切りにする。
3. 鍋に湯(分量外)を沸かし、冷麺用の麺を表示通りに茹でる。ザルにあげて、冷水でよく洗って水気を切り、器に盛りつける。1のスープを注ぎ、2、半分に切ったゆで卵を盛りつけ、氷を入れる。

〈食べ方〉好みでタデギ、酢、からしを入れて食べる。

冷麺は水キムチが凍った汁を利用して作られた

キムジャン(冬に備えて、春先まで食べるキムチを大量に漬ける行事)に、白菜キムチとともに漬けるのが大根の水キムチ。冷蔵庫がなかった時代は、甕に水キムチを入れて、甕を土に埋めて保存をしました。冬は蓋の付近が凍るので、汁がシャーベット状になったのだとか。これを利用して作られたのが、冷麺のスープだと言われています。そのため、元は冬の食べ物で、キンキンに冷えた冷麺を床暖房(オンドル)部屋で食べるのが当たり前でした。

Memo

時間に余裕があれば、スープを凍らせてシャーベット状にするとよりおいしく食べられます。牛肉スープと水キムチの汁の配合はお好みでもよいでしょう。

동치미 / トンチミ

> **Memo**
> 酸素に触れないようにすると長持ちします。温度変化にも敏感なので、冷蔵庫ではドア近くではなく奥の方に入れましょう。保存期間は2週間程度です。

大根の水キムチ

韓国のコース料理で必ず出される水キムチ。食事の最初に食べると、ごちそうの消化を助けてくれます。そのままでも、素麺を入れて食べてもOK。

材料(4人分)

- 大根 —— 500g
- 小ねぎ —— 3本
- りんご(または梨) —— 1/2個
  (150g。皮と芯を取り除いた重さ)
- 玉ねぎ —— 1/2個(100g)
- にんにく(粗みじん切り) —— 10g
- しょうが(粗みじん切り) —— 5g
- 水 —— 1L
- 上新粉 —— 大さじ1
- 塩 —— 大さじ2
- 赤唐辛子(または鷹の爪) —— 1本

作り方

1. 鍋に水200mLと上新粉を入れてよく混ぜる。強火で沸騰したら火を止め、氷水(分量外)に当てて鍋ごと冷ます。
2. 大根は皮がついたまま、厚さ4〜5cmの輪切りにしてから縦に4つ切りにする。ボウルに大根を入れ、塩大さじ1を全体によくまぶし、1時間ほど塩漬けにする。
3. 小ねぎは大根の長さに揃えて切る。りんごと玉ねぎは2cm角くらいに切る。
4. フードプロセッサーにりんご、玉ねぎ、にんにく、しょうがを入れてペースト状にし、キメの細かいザルに入れて汁を絞り出す。
5. 消毒した保存容器に、**1**、**2**の大根と大根から出た水分、残りの水800mL、小ねぎ、**4**で濾した汁、赤唐辛子、塩大さじ1を入れる。水面にラップをのせ、空気を遮断する。
6. 夏はクーラーの入った部屋で数時間、春と秋は日の当たらない常温の場所で1日ほど、冬は2日置いてから冷蔵庫に保存する。食べるときは、食べやすい大きさに切る。

スープに合わせるおかず 1

大根キムチ

깍두기 /カクトゥギ

保存
冷蔵庫で
3週間〜
1ヵ月

材料（作りやすい分量）

大根 —— 1本（1kg）
粗塩 —— 30g（大根の重量の3%）
砂糖 —— 10g（大根の重量の1%）
小ねぎ —— 2本

A ┌ もち粉（白玉粉）—— 大さじ1/2
  │ 昆布出汁（または水。15ページ参照）
  └ —— 50mL

キムチヤンニョム

りんご（または梨）—— 1/4個
　（100g。皮と芯を取り除いた重さ）
玉ねぎ —— 1/8個
　（25g。皮と根を取り除いた重さ）
にんにく（みじん切り）—— 大さじ1
しょうが（みじん切り）—— 大さじ1/4
韓国産粉唐辛子（粗挽き・キムチ用）
　—— 25g
アミの塩辛 —— 大さじ1と1/4
魚醤 —— 大さじ1/2

作り方

1 大根はきれいに洗って皮つきのまま2cm角に切り、ボウルに入れて粗塩と砂糖をまぶし、粗塩が溶けるまで混ぜ合わせる。

2 1を15分置いたら大根をかき混ぜる。さらに15分後にかき混ぜ、大根がしんなりするまで約1時間、塩漬けする。

3 2をザルにあげてさっと水（分量外）で洗い、約10分置いて水気をきる。

4 小鍋にAを入れて混ぜ、かき回しながら弱火で加熱する。とろみがでてきたら、火を止めて冷ます。

5 ボウルに4とキムチヤンニョムの材料を入れて混ぜる。

6 3と5をよく混ぜ合わせ、長さ1.5cmに切った小ねぎを入れてざっと混ぜ合わせる。

保存方法

1 保存容器は熱湯またはアルコールで消毒し、6を敷き詰めるように入れる。空気が入らないように上からラップをかけて密着させてから、容器のふたを閉める。

2 常温（約20℃）の冷暗所に置いて発酵を促す。春と秋は1日、冬は2日、夏はクーラーのきいた部屋に数時間でよい。冷蔵庫で保存する場合は、ドア近くを避けて温度変化の影響を受けにくい奥に置く。

3 1週間ほどで酸味が感じられるようになる。空気に触れる時間を短くし、温度変化の影響を受けなければ3週間〜1ヵ月ほどおいしく食べられる。

タデギ（唐辛子ペースト）

다대기 / タデギ

材料（作りやすい分量）
- 韓国産粉唐辛子（細挽き）── 大さじ2
- にんにく（みじん切り） ── 大さじ1/2
- 薄口しょうゆ ── 大さじ2
- こしょう ── 少々
- ごま油 ── 大さじ1

作り方
すべての材料を混ぜ合わせる。

※調味料として使うほか、ご飯にのせて食べてもよい。

保存 冷蔵庫で1ヵ月

エゴマキムチ

깻잎김치 / ケンニプキムチ

保存 冷蔵庫で2週間

材料（4人分）
- エゴマの葉 ── 40枚
- 玉ねぎ ── 1/4個
- A
  - 長ねぎ（みじん切り） ── 大さじ2
  - にんにく（みじん切り） ── 小さじ2
  - しょうが（みじん切り） ── 小さじ1
  - しょうゆ ── 大さじ3
  - 梅エキス ── 大さじ3
  - 韓国産粉唐辛子（粗挽き） ── 大さじ2
  - 魚醤 ── 大さじ1/2

作り方
1. エゴマの葉はキッチンペーパーでしっかり水気を取り、軸を切る。玉ねぎは横に薄切りにする（スライサーを使ってもよい）。
2. 玉ねぎとAを混ぜ合わせ、エゴマの葉1枚ずつに塗り重ねる。

ほうれん草のナムル

시금치나물무침 / シグムチナムルムッチム

材料（4人分）
- ほうれん草 ── 1把
- 塩 ── 小さじ1/2
- A
  - 韓国味噌 ── 小さじ2
  - 砂糖 ── 小さじ1
  - 薄口しょうゆ ── 小さじ1/2
  - 白ごま ── 小さじ1/2
  - ごま油 ── 小さじ2

作り方
1. 鍋に湯を沸騰させて塩を入れ、ほうれん草を根元から入れて30秒、葉を沈めて30秒茹でたら、冷水に取り、ザルにあげて水気をきる。
2. ほうれん草は長さ5cmに切り、水気をよく絞ったらAで和える。

大豆もやしのナムル

콩나물무침 /コンナムルムッチム

材料(4人分)
大豆もやし —— 200g
小ねぎ(小口切り) —— 適量
水 —— 400mL
塩 —— 小さじ2と1/2
白ごま —— 小さじ1
ごま油 —— 大さじ1/2

作り方
1 大豆もやしはひげ根を取る。
2 鍋に水と塩、大豆もやしを入れて蓋をし、強火にかける。沸騰したら弱火にして約3分煮る(もやしの太さにより加熱時間が異なるので、途中で火の入り具合を確認する)。火が通ったらザルにあげて、粗熱を取る。
3 ボウルに大豆もやし、白ごま、ごま油、小ねぎを入れて和える。

가지나물볶음 /カジナムルポックム

なすのナムル

材料(4人分)
なす —— 3本
赤唐辛子 —— 適宜
A ┌ にんにく(みじん切り) —— 大さじ1/4
　├ しょうゆ —— 大さじ1
　└ 砂糖 —— 大さじ1/2
白ごま —— 小さじ1/2
エゴマ油 —— 大さじ2

作り方
1 なすは縦に半分に切り、厚さ5mmの斜め切りにする。赤唐辛子は斜め切りにする。
2 フライパンにエゴマ油を入れて中火にかけ、なすを炒める。Aと赤唐辛子を入れて炒め合わせて火を止める。器に盛りつけ、白ごまをふる。

韓国かぼちゃのナムル

애호박나물볶음 /エホバクナムルポックム

材料(4人分)

韓国かぼちゃ —— 1本
にんにく(みじん切り) —— 小さじ1/2
赤唐辛子 —— 適宜
塩 —— 小さじ1
アミの塩辛 —— 大さじ1/2
白ごま —— 小さじ1/2
エゴマ油 —— 大さじ2

作り方

1 韓国かぼちゃは厚さ5mmの半月切りにする。塩を全体にふって10分ほど置き、水で洗ってキッチンペーパーで水気を拭く。

2 赤唐辛子は長さ1.5cmで斜め切りにする。

3 フライパンにエゴマ油を中火で熱し、1、2、アミの塩辛を炒め、にんにくを加えてさっと炒め合わせる。器に盛りつけ、白ごまをふる。

오이생채 /オイセンチェ

きゅうりの和え物

材料(4人分)

きゅうり —— 2本
塩 —— 小さじ1

A
- 韓国産粉唐辛子(粗挽き) —— 小さじ1
- 梅エキス —— 小さじ1
- 薄口しょうゆ —— 小さじ1
- 酢 —— 小さじ1
- 砂糖 —— 小さじ1
- ごま油 —— 小さじ1/4

白ごま —— 小さじ1/2

作り方

1 きゅうりは縦半分に切ってから、幅3mmの斜め切りにして、塩をまぶす。10分ほど置いたら水で洗い、キッチンペーパーで水気を取る。

2 1とAを和える。器に盛りつけ、白ごまをふる。

干しダラの和え物

북어무침／プゴムッチム

材料(4人分)
干しダラ —— 50g
A ┌ にんにく（みじん切り）—— 小さじ1
  │ コチュジャン —— 大さじ1
  │ しょうゆ —— 大さじ1
  │ 水あめ —— 大さじ1
  └ みりん —— 大さじ1
小ねぎ（小口切り）—— 適量
白ごま —— 小さじ1/2
ごま油 —— 大さじ1/2

保存 冷蔵庫で3日間

作り方

1 干しダラは食べやすい大きさに割き、水（分量外）にさっと浸けて柔らかくしたら、キッチンペーパーで水気をふき取る。

2 フライパンにAを入れて中火にかけ、全体にフツフツとしてきたら火を止める。1を加えてよく和えたら、白ごまとごま油を加えてさらに和える。器に盛りつけ、小ねぎをのせる。

진미채무침／チンミチェムッチム

さきイカの和え物

保存 冷蔵庫で1週間

材料(4人分)
さきイカ —— 100g
ごま油 —— 大さじ1/2
A ┌ にんにく（みじん切り）—— 小さじ1
  │ コチュジャン —— 大さじ1
  │ しょうゆ —— 大さじ1
  │ 水あめ —— 大さじ1
  └ みりん —— 大さじ1
白ごま —— 小さじ1/2

作り方

1 さきイカは食べやすい大きさに切る。耐熱皿に入れてラップをかけ、600Wの電子レンジで10秒加熱したら、ごま油をまぶす。

2 フライパンにAを入れて中火にかけ、全体にフツフツとしてきたら火を止める。1を入れてよく和える。器に盛りつけ、白ごまをふる。

たくあんの和え物

단무지무침 / タンムジムッチム

材料(4人分)
- たくあん —— 150g
- 青唐辛子 —— 適宜
- A
  - にんにく(みじん切り) —— 小さじ1/2
  - 韓国産粉唐辛子(粗挽き) —— 大さじ1/2
  - 砂糖 —— 小さじ1/2
  - 白ごま —— 小さじ1/2
  - ごま油 —— 大さじ1/2

作り方
1. たくあんは幅3mmの半月切りにする。青唐辛子は縦半分に切って種を取り除き、千切りにする。
2. **1**と**A**を和える。

保存 冷蔵庫で3日間

きゅうりとりんごのマヨネーズサラダ

오이사과마요네즈샐러드 / オイサグァマヨネズセルロドゥ

材料(4人分)
- きゅうり —— 1本
- りんご —— 1/2個
- アーモンド —— 10g
- 塩 —— 適量
- A
  - マヨネーズ —— 大さじ3
  - 酢 —— 小さじ1
  - 砂糖 —— 小さじ1/2

作り方
1. きゅうりは幅5mmの輪切りにし、塩小さじ1/2をまぶして約10分置く。水で洗ってザルにあげ、キッチンペーパーで水気を取る。
2. りんごは皮つきのままきゅうりと同じ大きさに切り、塩水(分量外)に5分ほど浸けたらザルにあげ、キッチンペーパーで水気を取る。
3. ボウルに**1**、**2**、砕いたアーモンドを入れ、**A**で和える。味を見て足りなければ、塩で味を調える。

スープに合わせるおかず1

Part 3

> 今日の自分に合うのは!?

体調に合わせて食べたいクンムル

風邪気味、二日酔い、冷え、産後など
韓国では体調に合わせてクンムルを作って食べます。

ワカメスープ

出産後のお母さんが、産後の肥立ちをよくするために食べるスープ。
それが転じて、産んでくれた母に感謝して誕生日の朝に食べます。
母親に作ってもらったり、パートナーに作ってもらったり……
韓国ではなじみの深いスープです。

材料（2人分）

乾燥ワカメ（カット済み）── 5g
牛肉（切り落とし）── 50g
水 ── 600mL
にんにく（みじん切り）── 小さじ1
魚醤 ── 小さじ1と1/2
薄口しょうゆ ── 小さじ1
塩 ── 少々
サラダ油 ── 小さじ1
ごま油 ── 小さじ1/2

作り方

1. 乾燥ワカメは水（分量外）で戻して、ザルにあげる。牛肉はひと口サイズに切る。
2. 鍋にサラダ油を引いて中火にかけ、牛肉を炒めて色が変わったら、ワカメを加えて炒め合わせる。
3. 水と魚醤を加えて強火にし、アクを取り除いたらにんにくを入れる。蓋をして弱火で20分程度煮たら、薄口しょうゆと塩で味を調え、ごま油を入れる。

Memo

韓国ではワカメがトロトロになるまで煮込んで食べます。また、韓国ではワカメスープにねぎを入れません。ねぎの硫化アリルがワカメのカルシウムの吸収を阻害するといわれています。

産後のお母さんが3週間食べ続ける

韓国には三神という出産を司る神がいて、子どもの誕生から3日後に三神膳を用意して、無事に子どもが生まれたことを感謝します。三神は3人の神様を意味するため、三神膳には浄化水3杯、白飯3杯、ワカメスープ3杯を供え、その後産婦が食べます。また、7日目、14日目、21日目にも三神膳を用意。ただし、現在はこの儀礼はあまり行われておらず、産婦が3週間ほどワカメスープを食べ続けるのが一般的です。

参鶏湯

夏の保養食といえば参鶏湯。以熱治熱（イョルチヨル）（熱を以って熱を治す）の考えにのっとり、
暑さを熱いものでおさめて、夏バテを予防します。
丸鶏を使えば本格的ですが、骨つきのもも肉や、
手羽を使ってもおいしくできます。

材料（2人分）

若鶏（1羽600～700g）── 2羽
長ねぎの青い部分 ── 1本分
長ねぎの白い部分（小口切り）── 1/4本分
もち米 ── 大さじ4
参鶏湯用韓方パック ── 1袋
水 ── 2L
にんにく ── 4片
高麗人参 ── 2本
なつめ ── 4個
クコの実 ── 大さじ1
韓国産天日塩 ── 適宜
こしょう ── 適宜

作り方

1 もち米は洗って水200mL（分量外）に30分程度浸し、ザルにあげる。

2 別のザルに若鶏を入れて、外側と腹のなかに熱湯（分量外）をかけたら、キッチンペーパーで腹のなかを拭き取る。

3 若鶏一羽につき、半量のもち米、にんにく1片、なつめ1個をお腹のなかへ詰めたら、若鶏の足を交差させて、つまようじで留める。2羽目も同様にする。

4 鍋に分量の水、さっと洗った参鶏湯用韓方パックを入れて強火で沸騰させ、弱火に落としたら10分ほど煮出して、ザルで濾す。

5 鍋に**3**の若鶏と**4**の韓方汁を入れて沸騰させ、アクを取る。高麗人参、にんにく2片、長ねぎの青い部分を入れる。クッキングシートで落し蓋をし、中弱火にして約1時間煮る。途中で水が足りなくなったら、水を足す。

6 にんにくと長ねぎの青い部分は取り除き、クコの実、なつめ2個、長ねぎを加えてひと煮立ちさせる。器に盛りつける際に、若鶏のつまようじをはずす。

〈食べ方〉韓国産天日塩とこしょうで好みの味に調えて食べる。

高麗人参の普及で
鶏スープが健康食に

「参」という文字は高麗人参のことです。1920年代に鶏肉が普及。鶏の腹にもち米と高麗人参の粉を入れて煮た「鶏スープ（タックッ）」が参鶏湯の原型とされています。その後、高麗人参が一般に流通するようになると、そのままの形で使った「鶏参湯（ゲサムタン）」が現れます。1960年代に入ると「参鶏湯（サムゲタン）」に名前が変わり、健康食のイメージが高まりました。

Part 3 ｜体調に合わせて食べたいクンムル

きのこのエゴマスープ

エゴマの香ばしさがあふれる体調を整えたいときに食べるスープ。
エゴマの粉は粗挽きと細挽きがあり、粗挽きはエゴマのプチプチとした触感が楽しめ、
細挽きはクリーミーな味わいに。好みでブレンドするのもおすすめです。

材料(2人分)

しめじ ── 50g
エリンギ ── 1本
しいたけ ── 2枚
煮干しと昆布の出汁(14ページ参照) ── 400mL
エゴマの粉(細挽き) ── 大さじ2
にんにく(みじん切り) ── 小さじ1
薄口しょうゆ ── 大さじ1/2
塩 ── 適量
小ねぎ(小口切り) ── 適量
エゴマの油 ── 小さじ1

作り方

1 しめじはほぐし、エリンギは長さを半分に切ってから、縦に薄切りにする。しいたけは幅2mmの薄切りにする。

2 鍋にエゴマの油を引いて中火にかけ、しめじ、エリンギ、しいたけを軽く炒める。

3 煮干しと昆布の出汁を加えて強火で沸騰させ、アクを取る。エゴマの粉、にんにく、薄口しょうゆを入れる。

4 蓋をして弱火に落とし、約5分煮たら塩で味を調える。器に盛り、小ねぎをのせる。

カキスープ

疲労回復効果のあるカキのポテンシャルが感じられるスープ。
ドラマ「愛と、利と」でも何度か登場します。
ご飯を入れてクッパにするのもおすすめ!

材料(2人分)

カキ(加熱用) ── 200g
塩水 ── 1.2L
 (水1.2L＋塩大さじ2)
大根 ── 100g
長ねぎ(小口切り) ── 1/8本
昆布出汁(15ページ参照) ── 400mL
にんにく(みじん切り) ── 大さじ1/2
赤唐辛子(小口切り) ── 適宜
青唐辛子(小口切り) ── 適宜
アミの塩辛 ── 大さじ1
ごま油 ── 適宜

作り方

1 大根はひと口サイズの色紙切りにする。

2 カキを塩水の半量に入れて揉み洗いをしたら、最初の塩水を捨て、残りの塩水で揉み洗いをする。最後に水洗いをして、ザルにあげる。

3 鍋に昆布出汁と大根を入れて沸騰させ、アクを取る。蓋をして弱火にして約5分煮る。

4 カキを加えてアクを取り除き、にんにくを入れる。カキに火が通ったらアミの塩辛で味を調え、長ねぎ、赤唐辛子、青唐辛子を入れてひと煮立ちさせる。ごま油を回し入れる。

굴탕 /クルタン

水刺身スープ

韓国の海岸地域で生まれた食欲がないときにも食べやすいスープ。
キンキンに冷えたムルフェ（ピョルミ）は夏ならではの別味（珍味）！
マダイの代わりにイカ、アワビ、ヒラメにするのもおすすめです。

材料（2人分）

マダイ（刺身用）── 100g
エゴマの葉 ── 2枚
きゅうり ── 1/4本
にんじん ── 10g
素麺（乾麺）── 100g
煮干しと昆布の出汁
　（14ページ参照）── 400mL
A ┌ コチュジャン ── 大さじ1/2
　│ 砂糖 ── 大さじ1/2
　│ 酢 ── 大さじ1/2
　└ 薄口しょうゆ ── 大さじ1
塩 ── 適量
すりごま ── 小さじ1/2
ごま油 ── 小さじ1/2

作り方

1 煮干しと昆布の出汁に**A**を混ぜ、塩で味を調え、冷蔵庫で冷やす。
2 マダイは薄くそぎ切りにし、塩少々を振って10分ほど置いたら、キッチンペーパーで水分をふき取る。
3 エゴマの葉は軸を切り落とし、繊維を断ち切るように千切りにする。きゅうりとにんじんもエゴマと同じ太さの千切りにする。
4 素麺を表示通りに茹でて、水で洗ったら水気をよくきる。
5 器に素麺を盛り、**1**のスープを注ぐ。麺の上にマダイ、エゴマの葉、きゅうり、にんじんを盛りつけ、すりごまをふり、ごま油をかける。

漁師のファストフードは今でも進化中！

ムルフェは元々漁師料理で「漁師のファストフード」とも呼ばれます。船上で簡単に食事を済ませるために、刺身、ご飯、酢コチュジャンなどをスープに入れたのが始まりで、現在では専門店が多く存在します。魚の代わりに生の牛肉（ユッケ）を使ったムルフェもあり、ソウルの広蔵市場（カンジャンシジャン）にあるユッケの専門店などで食べられます。

Memo

野菜はサニーレタスやパプリカなどもおすすめ。野菜をたっぷり入れると、野菜から出る水分でスープが薄まるので、塩などで味の調整が必要です。素麺の代わりに冷ご飯にしても。

물회 / ムルフェ

북어국／プゴクッ

干しダラのスープ

酔いざましのスープのひとつでプゴは乾燥させたスケトウダラのこと。二日酔いの夫（彼）のために、奥さん（彼女）が朝食に作るシーンがドラマなどでもよく見られます。

材料（2人分）

干しダラ（裂いてあるもの） ── 50g
水 ── 100mL
長ねぎ（小口切り） ── 適宜
木綿豆腐 ── 100g
卵 ── 1個
牛骨スープ（12ページ参照） ── 300mL
にんにく（みじん切り） ── 小さじ1
アミの塩辛（または塩） ── 適量

作り方

1 干しダラは水に10分ほど浸け、ザルにあげて食べやすい大きさにハサミで切る。戻し汁は取っておく。木綿豆腐は幅1cmの拍子切りにする。

2 干しダラと戻し汁、牛骨スープ、にんにくを入れて強火にかけ沸騰したら、中火に落とし、蓋をして約5分煮る。

3 木綿豆腐を入れてから溶き卵を流し入れ、長ねぎを加えてひと煮立ちさせる。
〈食べ方〉アミの塩辛、または塩を入れて味を調整して食べる。

콩나물국／コンナムルクッ

大豆もやしのスープ

酔いざましの解醒汁(ヘジャングッ)として有名なスープ。
韓国産の太い大豆もやしは食べ応えがあるので、手に入れば使ってみましょう。
食べるときにご飯を入れてクッパにしても。

材料(2人分)

大豆もやし ── 200g
長ねぎ(小口切り) ── 1/8本
煮干しと昆布の出汁(14ページ参照)
　　── 400mL
にんにく(みじん切り) ── 大さじ1/2
赤唐辛子(小口切り) ── 適宜
青唐辛子(小口切り) ── 適宜
アミの塩辛(または塩) ── 適量
卵(半熟卵) ── 好みで

作り方

1　大豆もやしはひげ根を取る。
2　鍋に煮干しと昆布の出汁、大豆もやしを入れて蓋をし、強火にかける。沸騰したら弱火に落として、約5分煮る。
3　にんにく、赤唐辛子、青唐辛子、長ねぎを加えてひと煮立ちさせる。
　〈食べ方〉アミの塩辛で味を調えて食べる。別の器に半熟卵を盛り、食べるときに味つけをしたスープをかける。

청국장찌개 / チョングッチャンチゲ

納豆チゲ
チョングッチャン

韓国の納豆は発酵食品らしい独特の香りで、韓国には名人と認定された人もいるほど。手に入らない場合は日本の納豆でもいいでしょう。デトックス効果があるので、美肌、ダイエットに。

材料(2人分)

韓国納豆(チョングッチャン) —— 180g
白菜キムチ(カット済み) —— 100g
韓国かぼちゃ(またはズッキーニ) —— 1/4本
玉ねぎ —— 1/4個
長ねぎ(小口切り) —— 1/8本
木綿豆腐 —— 100g
米のとぎ汁(15ページ参照) —— 600mL
にんにく(みじん切り) —— 小さじ1
赤唐辛子(小口切り) —— 適宜
韓国味噌(テンジャン) —— 大さじ1
砂糖 —— 小さじ1/2
塩 —— 適量

作り方

1 韓国かぼちゃは厚さ5mmの半月切り、玉ねぎと木綿豆腐は1.5cm角に切る。

2 鍋に米のとぎ汁、白菜キムチ、玉ねぎ、韓国味噌、砂糖を入れて強火にかける。沸騰したらアクを取り、にんにくを入れて蓋をして、弱火に落として15分煮る。

3 韓国かぼちゃと韓国納豆を入れ、木綿納豆を鍋のなかで崩して中火にする。全体に火が通ったら、塩で味を調え、長ねぎと赤唐辛子を入れてひと煮たちさせる。

おからチゲ

スープを吸ったおからがクセになるスープ。
茹でた大豆をミキサーにかけて、おからの代わりに使うこともあります。
食物繊維が豊富で、胃腸をすっきりさせてくれます。

材料（2人分）

おから ── 100g
豚肉（小間切れ）── 50g
白菜キムチ（カット済み）── 100g
白菜キムチの漬け汁 ── 大さじ2
水 ── 600mL
にんにく（みじん切り）── 小さじ1
韓国産粉唐辛子 ── 大さじ1/2
赤唐辛子（小口切り）── 適宜
アミの塩辛 ── 大さじ1/2
薄口しょうゆ ── 大さじ1/2
塩 ── 適宜
小ねぎ（小口切り）── 適量
サラダ油 ── 小さじ1

作り方

1 鍋にサラダ油を引いて中火にかけ、豚肉を炒めたら、白菜キムチを加えてさらに炒める。白菜キムチの漬け汁と水を入れて強火で沸騰させたらアクを取り除き、韓国産粉唐辛子とにんにくを入れて蓋をし、弱火に落とす。

2 約20分加熱したら、おから、アミの塩辛、薄口しょうゆを入れて中火にする。全体に火が通ったら、塩で味を調え、赤唐辛子を入れてひと煮立ちさせる。器に盛りつけて小ねぎをのせる。

콩비지찌개 / コンビジチゲ

우무냉국 / ウムネンクッ

ところてんの冷たいスープ

ところてんのツルツルとした食感が喉に優しい、真夏に食べたい冷たいスープ。
済州島(チェジュド)の海女さんの間でよく食べられていたものですが、
現在ではダイエット食として、韓国中で注目されています。

材料(2人分)

ところてん —— 200g
エゴマの葉 —— 適量
パプリカ(赤・黄) —— 各1/8個
水 —— 400mL
A ┌ 薄口しょうゆ —— 大さじ1
  │ 酢 —— 大さじ1/2
  └ 梅エキス —— 大さじ1/2
塩 —— 少々
白ごま —— 小さじ1/2
氷 —— 適宜

作り方

1 ところてんはザルにあげて、水気をきる。エゴマの葉は軸を切り落として千切りに、パプリカは千切りにする。

2 ボウルにところてん、水、**A**を入れて塩で味を調える。冷蔵庫に入れて冷やしたら、パプリカ、エゴマの葉とともに器に盛りつけ、白ごまをふり、氷を入れる。

Part 4

みんなで
ワイワイ!

おもてなし、
行事で食べるクンムル

家族や親戚、友人などが集まったときに
みんなで食べたい、特別なクンムルです。

宮中式豆腐鍋

朝鮮時代の王様が食べていた鍋。手が込んでいるので、
お客さまのおもてなし料理としておすすめ！
野菜や肉、薄焼き卵はすべて同じ大きさに切ると、
鍋に並べ入れたときに美しく見えます。

材料（4人分）

スープを取った牛塊肉
　（肩肉。13ページ参照）── 100g
牛ひき肉 ── 150g
A ┌ にんにく（みじん切り）
　│　　── 大さじ1
　│ 薄口しょうゆ ── 小さじ2
　│ 砂糖 ── 小さじ1
　│ すりごま ── 小さじ1/2
　│ こしょう ── 少々
　└ ごま油 ── 小さじ1/2
もやし ── 50g
干ししいたけ ── 3枚
たけのこ ── 50g
にんじん ── 50g
小ねぎ ── 8本
卵 ── 2個
木綿豆腐 ── 300g
片栗粉 ── 大さじ2
牛肉スープ（13ページ参照）
　── 800mL
薄口しょうゆ ── 大さじ2
塩 ── 適量
サラダ油 ── 適量

作り方

1 もやしは芽とひげ根を取り除く。干ししいたけはぬるま湯（分量外）で戻し、そぎ切りにする。たけのことにんじんは長さ5cmの短冊切りにする。スープを取った牛塊肉は、にんじんと同じ大きさに切る。

2 卵を黄身と白身に分け、それぞれに塩少々を入れてよく混ぜる。フライパンにサラダ油少々を薄く引いて、黄身と白身それぞれ別に焼き色をつけないように薄焼き卵にする。冷ましたら、にんじんと同じ大きさに切る。

3 小ねぎは白い部分を切りおとす。鍋に湯（分量外）を沸かし、青い部分だけをしんなりするまで茹でて、冷水に取って冷ます。

4 木綿豆腐は縦4cm×横3cm×厚さ5mmで16等分に切り分け、塩小さじ1/4を全体にふって約30分置く。

5 4の水気を軽く拭き、片栗粉をまぶす。フライパンにサラダ油大さじ1を引き、中火で両面を焼く。

6 ボウルに牛ひき肉とAを入れてよく混ぜたら、8等分に分ける。5の豆腐ひとつにひき肉ダネひとつを広げて、もうひとつの豆腐ではさむ。3で結ぶ。

7 鍋に牛肉、もやし、しいたけ、黄身と白身の薄焼き卵、にんじん、たけのこを放射線状に並べ、中心に6を並べる。

8 7と別の鍋に牛肉スープを入れて強火にかけ、沸騰したら薄口しょうゆを加える。

9 7の鍋に8のスープを注いで強火にかけ、沸騰したらアクを取る。中火に落として5分ほど煮る。味見をして、塩で味を調える。

朝鮮時代の料理本にも登場する鍋

チョンゴルの語源は、朝鮮時代に武官が着用した「戦笠（チョルリプ）」から。チョンゴルとは戦笠の形をした鍋のことであり、それを使った料理のことでもあります。王様の食事の際は、大円卓、小円卓、角卓、火炉で構成され、チョンゴルは火炉の上にのせて、その場で加熱をし、女官が取り分けるスタイルでした。豆腐鍋は1800年代後半に刊行された料理書『是議全書』に初めて登場しています。

궁중두부전골／クンジュントゥブジョンゴル

にゅう麺

結婚式やお祝いの席での定番麺料理。
韓国では「いつククスを食べさせてくれるの?」という言葉があり、
これは「いつ結婚するの?」という意味。
ククスは麺が長いことから、長い幸せを願う気持ちが込められています。

材料（2人分）

素麺 ── 2人分
韓国かぼちゃ（またはズッキーニ）
　　── 1/8本
にんじん ── 30g
干ししいたけ ── 1枚
A ┌ 薄口しょうゆ ── 小さじ1/2
　├ 砂糖 ── 小さじ1/4
　├ にんにく（みじん切り）── 少量
　└ ごま油 ── 少量
卵 ── 1個
煮干しと昆布の出汁（14ページ参照）
　　── 800mL
薄口しょうゆ ── 大さじ1
塩 ── 適量
韓国のり ── 適量
B ┌ しょうゆ ── 大さじ1/2
　├ 砂糖 ── 大さじ1/4
　├ すりごま ── 小さじ1/2
　├ 小ねぎ（小口切り）── 適量
　└ ごま油 ── 小さじ1/2
サラダ油 ── 適量

作り方

1 韓国かぼちゃとにんじんは同じ大きさの千切りにする。フライパンにサラダ油少量を引き、中火でそれぞれ別々にしんなりするまで炒め、塩少々で味つけする。

2 干ししいたけはぬるま湯（分量外）で戻した後に水気を絞り、千切りにして**A**で下味をつける。フライパンにサラダ油少量を引き、中火で水気がなくなるまで炒める。

3 卵を黄身と白身にわけ、それぞれに塩少々を入れてよく混ぜる。フライパンにサラダ油を薄く引いて、黄身と白身それぞれ別に焼き色をつけないように薄焼き卵にする。それぞれ韓国かぼちゃと同じサイズの千切りにする。

4 煮干しと昆布の出汁を鍋に入れて強火にかけ、沸騰したら薄口しょうゆと塩で味を調える。

5 素麺を表示通りに茹で、ザルにあげて水気をきる。器に素麺を入れて、**4**のスープをそそぎ、**1**、**2**、**3**をのせる。

〈**食べ方**〉細かくちぎった韓国のり、好みで混ぜ合わせた**B**をかけて食べる。

里芋と牛肉のスープ

韓国で秋夕（チュソク）といわれる旧盆に食べる牛骨スープにシンプルな味付けをしたスープ。
里芋は秋に収穫される食材のひとつで、無病息災の意味を込めて食べます。

材料（2人分）
里芋 —— 4個
カルビ（焼肉用）—— 100g
牛骨スープ（12ページ参照）
　　 —— 500mL
にんにく（みじん切り）—— 大さじ1/2
塩 —— 適量
こしょう —— 少々
小ねぎ（小口切り）—— 適量

作り方
1 カルビは繊維に沿って幅1.5cmの細切りにする。
2 里芋は4等分に切る。塩をまぶした後、沸騰させた湯（分量外）に入れて約2分茹でたらザルにあげて水で洗う。
3 鍋に牛骨スープ、カルビ、**2**の里芋を入れて沸騰させ、アクを取る。にんにくを入れて、里芋が柔らかくなるまで約5分煮たら、塩とこしょうで味を調える。
4 器に盛りつけ、小ねぎをのせる。

> **Memo**
> 冷凍里芋を使えば茹でる手間がなくて簡単！　牛骨スープの代わりに、昆布出汁を使ってもOK。さっぱりとした味わいになります。

육개장／ユッケジャン

ユッケジャン

一年で最も暑いといわれる時期の三伏(サンボッ)に
暑気払いや滋養食として親しまれているスープ。
葬儀の際に厄払いの意味を込めて必ず出される料理のひとつでもあります。

材料(2人分)

スープを取った牛塊肉(肩肉とスネ。
　13ページ参照) ── 150g
ぜんまいの水煮 ── 50g
A ┌ 粉唐辛子 ── 大さじ1
　├ にんにく(みじん切り) ── 大さじ1
　├ 薄口しょうゆ ── 大さじ1
　└ ごま油 ── 大さじ1/2
長ねぎ ── 1/4本
牛肉スープ(13ページ参照) ── 600mL
にんにく(みじん切り) ── 適宜
魚醤 ── 適宜

作り方

1 ぜんまいの水煮は、太いものは縦半分に裂く。長さ5cmに切り、**A**で和える。

2 スープを取った牛塊肉は薄切りにするか、手で裂く。

3 長ねぎは長さ5cmに切ってから、縦に4等分に切る。

4 鍋に**1**を入れて軽く炒めたら、牛肉スープと長ねぎを入れて強火にかける。沸騰したら弱火に落として蓋をし、約15分煮る。

5 **2**を加えて約5分煮たら、器に盛りつける。
〈食べ方〉お好みでにんにくや魚醤を入れて食べる。

牛肉と大根と豆腐のスープ

祭祀のお膳に添えるスープ。牛肉、大根、豆腐を入れるのが基本で一部の地域では昆布も入れます。
牛肉はスープ用に茹でた牛肉を使いますが、どの部位でもOKです!

材料(2人分)
スープを取った牛塊肉(肩肉、スネ肉。
　13ページ参照)……150g
大根……100g
木綿豆腐……100g
長ねぎ(小口切り)……1/8本
牛肉スープ(13ページ参照)……400mL
昆布(10cm)……1枚
にんにく(みじん切り)……小さじ1
薄口しょうゆ……大さじ1
塩……適量

作り方
1 大根は厚さ2mmの色紙切りに、木綿豆腐は角切りにする。スープを取った牛塊肉は、大根の大きさに合わせて切る。
2 鍋に牛肉スープと昆布を入れて強火にかけ、沸騰する前に昆布を取り出す。取り出した昆布は少し冷ましたら、縦横2cmに切り分ける。
3 2の鍋に大根と切った昆布、にんにくを入れて蓋をし、弱火で約5分煮る。
4 大根と昆布が柔らかくなったら牛肉と木綿豆腐を入れて約1分煮る。薄口しょうゆと塩で味を調え、長ねぎを加えてひと煮立ちさせる。

탕국 / タンクッ

雑煮

旧正月の料理で、昔は雑煮を食べることがひとつ年を取ることを意味していました。
餅はもともと細長いカレトックを小判型に切って使います。
細長い形は長寿を意味し、小判型は富の象徴といわれています。

材料(2人分)

- トック(韓国餅) ── 150g
- 牛カルビ肉(焼肉用) ── 50g
- 長ねぎ(小口切り) ── 1/8本
- 卵 ── 1個
- 牛骨スープ(13ページ参照) ── 400mL
- にんにく(みじん切り) ── 小さじ1
- 塩 ── 適量
- 赤唐辛子(小口切り) ── 適宜
- サラダ油 ── 小さじ1

作り方

1. トックは水(分量外)に浸けておく。
2. 牛カルビは繊維に沿って幅5mmに切る。
3. 卵を黄身と白身に分け、それぞれに塩少々を入れてよく混ぜる。フライパンにサラダ油小さじ1/2を引いて、黄身を流し入れて薄焼き卵を焼く。白身も同様にする。冷ましてから長さ3cmの細切りにして錦糸卵にする。
4. 牛骨スープを鍋に入れ沸騰させ、**1**、**2**を入れ、アクを取る。にんにくを入れて中火に落とし、肉とトックに火が通ったら塩で味を調え、長ねぎを加えてひと煮立ちさせる。器に盛り、黄身と白身の錦糸卵、赤唐辛子を飾る。

北朝鮮では餅の形が雪だるま型に

日本でも地域によって雑煮の餅の形は違いますが、韓国では細長い餅を小判型に切って使うほか、北朝鮮の開城(ケソン)地域では雪だるまの形をした餅(チョレンイトック)を入れます。また、北朝鮮では郷土料理である餃子(マンドゥ)を入れて、雑煮に仕立てることもあります。

Memo

お好みで刻んだ韓国のりを入れるのもおすすめ。錦糸卵は全卵で作ってもいいし、溶き卵を最後に加えてかきたま風にしてもOK！

떡국 ／トックッ

おでんスープ

韓国人の学生時代の思い出が詰まった屋台料理。
ドラマ「私の解放日誌」では、再会したふたりが屋台で笑い合って食べるシーンが印象的。
割り箸に刺さずに、食べやすい大きさに切って煮てもいいでしょう。

材料（2人分）
韓国おでん —— 4枚
煮干し出汁（15ページ参照）—— 500mL
にんにく（みじん切り）—— 大さじ1/2
薄口しょうゆ —— 大さじ1
塩 —— 適量
しょうゆヤンニョム
　長ねぎ（みじん切り）—— 大さじ1/4
　青唐辛子（みじん切り）—— 適量
　しょうゆ —— 大さじ1
　砂糖 —— 大さじ1/2
　白ごま —— 小さじ1/2

作り方

1 韓国おでんをザルに入れて、湯（分量外）を回しかけて、油抜きをする。縦に半分に切り、割り箸1本に1枚を波状に刺す。すべての韓国おでんを同じようにする。

2 煮干し出汁に薄口しょうゆを入れて、**1**の韓国おでん、にんにくを入れる。中火で5分ほど煮たら、塩で味を調える。

3 しょうゆヤンニョムの材料を混ぜ合わせる。
〈食べ方〉韓国おでんをしょうゆヤンニョムにつけながら食べる。

> **Memo**
> 韓国おでんは、白身魚の練り物で、日本のさつま揚げを薄くしたような板状のものが一般的です。韓国食材店などで手に入ります。

어묵탕 ／オムクタン

ムール貝のスープ

お酒のおつまみにピッタリの居酒屋料理。
韓国ではこんなクンムルをお酒を飲みながら食べます。
青唐辛子をきかせると、より本場の味に。

材料(2人分)

ムール貝 —— 200g
長ねぎ(小口切り) —— 1/8本
水 —— 400mL
酒 —— 大さじ1
にんにく(みじん切り) —— 大さじ1/2
青唐辛子(小口切り) —— 適宜
塩 —— 適量

作り方

1. ムール貝はヒゲを取り除き、水(分量外)でよく洗う。
2. 鍋に水、酒、ムール貝を入れて強火にかけ、貝の口が開いたらアクを取る。
3. にんにく、青唐辛子を加えて塩で味を調え、長ねぎを入れてひと煮立ちさせる。

Memo

生のムール貝が手に入らないときは、冷凍を使ってもよいでしょう。その場合、解凍時にムール貝から出た汁にもうま味が含まれるので、必ずスープに入れましょう。

홍합탕/ホンハプタン

海鮮ちゃんぽん

韓国人が大好きな二大韓国風中華料理のひとつ。
ドラマ「サイコだけど大丈夫」では、家族の思い出の食べ物として登場しました。
引越しの際にデリバリーで頼む料理としてもメジャーです。

材料(2人分)

ロールイカ —— 100g
有頭エビ —— 4尾
ムール貝 —— 4個
乾燥きくらげ —— 4g
玉ねぎ —— 1/4個
長ねぎ —— 1/8本
チンゲン菜 —— 1/4株
ちゃんぽん用麺 —— 2玉
水 —— 800mL
タデギ(60ページ参照) —— 大さじ2
魚醤 —— 大さじ1
塩 —— 適量
サラダ油 —— 大さじ1
玉ねぎ —— 適宜
たくあん —— 適宜
韓国甘みそ(チュンジャン) —— 適宜

作り方

1 乾燥きくらげは水(分量外)で戻し、手でひと口大にちぎる。玉ねぎ1/4個は薄切り、長ねぎは長さ5cmの斜め切りに、チンゲン菜は根元を切り落とす。

2 ムール貝はヒゲを取り、ロールイカはひと口サイズに切る。有頭エビは背ワタを取り除き、頭と尾を残して殻をむく。

3 鍋にサラダ油を引いて中火にし、玉ねぎを炒めたらタデギを加えてさらに炒め合わせる。水と魚醤を入れて強火で沸騰させたら中弱火にし、蓋をして約5分煮る。

4 ムール貝、エビ、イカ、きくらげ、チンゲン菜を入れて火が通ったら、塩で味を調え、長ねぎを入れてひと煮立ちさせる。

5 ちゃんぽん用麺を表示通りに茹でたら、ザルにあげて水気をきる。器に麺を盛りつけ、4のスープと具を入れる。

〈食べ方〉ひと口大に切った玉ねぎ、たくあん、韓国甘みそを添えて食べる。

> **Memo**
> ムール貝は冷凍でもOK。解凍した際に出た汁も使います。もっと簡単に作るなら、冷凍のシーフードミックスで代用するとよいでしょう。

해물짬뽕 / ヘムルチャンポン

COLUMN

韓国で食べられるクンムル 〜干しダラのスープ〜

　ソウルの武橋洞（ムギョドン）には、韓国人がこよなく愛する飲食店があります。それは、1968年創業の「プゴグッチッ」。干しダラスープの専門店です。ランチタイムには近所で働く会社員や、旅行者が列をなすのでウェイティングを覚悟して行かなくてはなりません。店内に案内されて席に着いても、オーダーする必要はありません。メニューはたったひとつだけ。

　ひと息つくと、干しダラスープがすぐに運ばれてきます。「プゴグッチッ」の干しダラスープは、牛骨で取った乳白色の汁に大きめに切った干しダラと細長い豆腐、そして溶き卵入り。テーブルに備えられているアミの塩辛を入れて、自分で味を調整します。牛骨スープとアミの塩辛は一見合わないように思えますが、決して喧嘩をせず、掛け算のように複雑なうま味を出すのです。また途中からニラの和え物やキムチを入れて味変するのが、干しダラスープの醍醐味。ご飯は最初から入れてもいいですし、半分食べてからでもお好みで。韓国人が足繁く通う理由がよくわかります。

북어국／干しダラのスープ（74ページ）

Part 5

旅した気分で食べる！

地域特有の
クンムルを楽しもう

全羅南道、済州島などの地方特有のクンムルをはじめ、ソウルに数あるグルメ横丁と呼ばれるストリートで食べられるクンムルをおうちで再現してみましょう。

ワタリガニ鍋

仁川(インチョン)名物の、ついつい無口になるおいしさの鍋。
ワタリガニを丸ごと入れているので、
スープにはカニから出たうま味が染み出ています。

材料(4人分)

- ワタリガニ(カット済み) — 400g
- 長ねぎ — 1/2本
- 春菊 — 50g
- えのきだけ — 1/2パック
- 大豆もやし — 200g
- 木綿豆腐 — 200g
- 水 — 1.2L
- A
  - にんにく(みじん切り) — 大さじ1
  - 韓国産粉唐辛子 — 大さじ1/2
  - コチュジャン — 大さじ1
  - 韓国味噌 — 大さじ1
  - 薄口しょうゆ — 大さじ2
- 塩 — 適量

作り方

1 長ねぎは斜め切り、春菊は長さ5cmに切る。えのきだけは食べやすくほぐし、木綿豆腐は厚み1cm×縦横3cmに切る。

2 鍋に水とAを加えて強火で沸騰させ、ワタリガニ、大豆もやしを入れてアクを取る。中弱火に落とし、蓋をして約5分煮る。

3 木綿豆腐を加えて約1分煮る。塩で味を調えたら、長ねぎ、春菊、えのきだけを入れてひと煮立ちさせる。

Memo

ワタリガニだけでしっかり味が出ますが、さらにうま味が欲しい場合は、水の代わりに煮干しと昆布の出汁(14ページ参照)を使うとよいでしょう。

꽃게탕 /コッケタン

テナガダコ鍋

全羅南道、霊岩の郷土料理。
丸ごと入れたテナガダコを、ハサミで切って
豪快に食べる醍醐味を味わって。

材料(2人分)

テナガダコ —— 200g
小麦粉 —— 適量
アサリ —— 100g
長ねぎ —— 1/4本
ウゴジ(白菜の外葉を茹でたもの。
　23ページ参照) —— 100g
春菊 —— 50g
えのきだけ —— 1/2パック
水 —— 600mL
にんにく(みじん切り) —— 大さじ1/2
赤唐辛子・青唐辛子(斜め切り)
　—— 各適宜
塩 —— 適量

作り方

1 アサリは塩水(分量外)に約30分浸けて、砂抜きをする。

2 テナガダコは頭をひっくり返して内臓を取り除き、クチバシも取り除いたら、小麦粉をまぶして水少々(分量外)を加えて揉み、流水でよく洗う。

3 長ねぎは斜め切りに、春菊は長さ5cmに切る。えのきだけは食べやすくほぐす。ウゴジ(あらかじめ茹でておく。23ページ参照)は食べやすい大きさに切る。

4 鍋に分量の水とアサリを入れて沸騰させ、テナガダコとウゴジを加えたら、アクを取り、にんにくを入れる。中火でテナガダコに火が通るまで煮て、塩で味を調える。長ねぎ、春菊、えのきだけ、赤唐辛子、青唐辛子を入れてひと煮立ちさせる。

豆腐メインから
タコメインの鍋に変化

1766年刊行の『増補山林経済』に掲載されている軟泡湯(ヨンポタン)は、豆腐をメインとした鍋料理。鶏肉や牛肉が入っていますが、テナガダコは入っていません。それもそのはず、軟泡湯(ヨンポタン)の泡(ポ)は、豆腐を指したもの。近年はヨンポタンといえば、テナガダコの鍋になり、粉唐辛子を使わず、澄んだスープに仕上げます。

Memo

テナガダコは煮すぎると固くなるので、全体に火が通る程度に。ウゴジの代わりに、生の白菜でもOKです。

テナガダコ・ホルモン・エビの鍋

釜山(プサン)名物の、お酒のおつまみにもぴったりの鍋。
ナクチ（テナガダコ）のナ、コプチャン（牛の小腸）のコプ、
セウ（エビ）のセからナッコプセという名がつきました。

材料（2人分）

テナガダコ —— 200g
小麦粉 —— 適量
牛の小腸（カット済み）—— 200g
エビ —— 200g
長ねぎ —— 1/4本
キャベツ —— 2枚
玉ねぎ —— 1/2個
にら —— 30g
えのきだけ —— 1/2パック
水 —— 600mL
酒 —— 大さじ1
A ┌ にんにく（みじん切り）—— 大さじ1
　│ 韓国産粉唐辛子 —— 大さじ1/2
　│ コチュジャン —— 大さじ1
　│ 韓国味噌 —— 大さじ1
　└ 薄口しょうゆ —— 大さじ2
塩 —— 適量

作り方

1. テナガダコは頭をひっくり返して内臓を取り除き、クチバシも取り除いたら、小麦粉をまぶして水少々（分量外）を加えて揉み、流水でよく洗う。食べやすい大きさに切る。
2. 鍋に水（分量外）と酒を入れて沸騰させ、牛の小腸を入れて約2分茹でてザルにあげる。
3. エビは殻をむき、背ワタを取り除く。長ねぎは斜め切り、キャベツはひと口大に切る。玉ねぎは幅3mmの薄切り、にらは長さ5cmに切る。えのきだけは食べやすくほぐす。
4. 鍋に水とAを入れて強火で沸騰させ、テナガダコ、牛の小腸、エビ、キャベツ、玉ねぎを入れてアクを取り、中火に落として材料に火が通るまで煮る。塩で味を調え、長ねぎ、にら、えのきだけを入れてひと煮立ちさせる。

> **Memo**
> コチュジャンと韓国味噌は商品によって塩気などが異なります。割合はお好みで変えて楽しみましょう。

갈치국 / カルチクッ

Memo
タチウオの匂いが気になる場合は、煮るときに酒大さじ1を入れるとよいでしょう。

タチウオスープ

韓国のリゾート、済州島(チェジュド)の定番グルメでタチウオをメインに、かぼちゃとウゴジが入るのが特徴です。ドラマ「春が来た」にも登場していました。

材料（2人分）
タチウオ —— 200g
かぼちゃ —— 50g
ウゴジ（白菜の外葉を茹でたもの。23ページ参照）—— 50g
米のとぎ汁（15ページ参照）—— 400mL
にんにく（みじん切り）—— 大さじ1/2
魚醤 —— 大さじ1/2
塩・こしょう —— 各適量
長ねぎ（小口切り）—— 1/8本

作り方
1 かぼちゃは厚さ5mmのひと口サイズに切り、茹でたウゴジもひと口サイズに切る。タチウオは幅3〜4cmに切り分ける。
2 鍋に米のとぎ汁と魚醤を入れて沸騰させる。タチウオ、かぼちゃ、ウゴジ、にんにくを入れて中火にし、全体に火が通ったら塩、こしょうで味を調える。器に盛りつけ、長ねぎをのせる。

소고기버섯전골 / ソコギボソッジョンゴル

牛肉ときのこの寄せ鍋

韓牛(ハヌ)ときのこの特産地である慶尚北道(キョンサンブクド)の名物料理。
韓国では松茸を入れる地方も。
牛肉は火が通りすぎると固くなるので、ほぐしながら煮るとよいでしょう。

材料(4人分)
牛もも肉(焼肉用) ── 200g
A [
　にんにく(みじん切り) ── 大さじ1/2
　薄口しょうゆ ── 大さじ1
　こしょう ── 少々
　ごま油 ── 大さじ1/4
]
しめじ・エリンギ ── 各100g
しいたけ ── 4枚
春菊(またはせり) ── 25g
昆布出汁(15ページ参照) ── 800mL
赤唐辛子 ── 1/4本
塩 ── 適量

作り方
1 しめじはほぐす。エリンギは長さを半分に切って薄切りに、しいたけも薄切りにする。春菊は長さ5cmに、赤唐辛子は種を取り除いて細切りにする。

2 牛もも肉は血を拭き取り、Aで下味をつける。

3 鍋の中心に牛肉を置き、その他の材料を放射線状に彩りよく盛りつけたら、昆布出汁を注いで強火にかける。沸騰したらアクを取り、中弱火に落として約3分煮たら、塩で味を調える。

감자옹심이／カムジャオンシミ

じゃがいも団子のスープ

じゃがいもの産地で有名な江原(カンウォン)特別自治道の郷土料理。
オンシミとは小さい団子のことで、江原道(カンウォンド)の方言です。
出汁を吸った団子が、しみじみおいしいスープです。

材料(2人分)

じゃがいも(大) — 2個
片栗粉 — 大さじ1
韓国かぼちゃ(またはズッキーニ) — 1/8本
にんじん — 50g
長ねぎ(小口切り) — 1/8本
煮干しと昆布の出汁(14ページ参照)
　　— 400mL
にんにく(みじん切り) — 大さじ1/2
赤唐辛子(小口切り) — 適宜
薄口しょうゆ — 大さじ1
塩 — 適量
白ごま — 小さじ1/2
韓国のり — 適宜

作り方

1. じゃがいもはすりおろし、ザルに入れる。上からスプーンで押しながら水気をきる(下に落ちた水分も取っておく)。
2. **1**のじゃがいもの水分を約10分置いてでんぷんを沈殿させ、上澄みを捨てる。
3. ボウルにすりおろしたじゃがいも、**2**のでんぷん、片栗粉、塩ふたつまみを入れてよく混ぜたら、10等分に分けて団子にまるめる。
4. 韓国かぼちゃとにんじんは千切りにする。
5. 鍋に煮干しと昆布の出汁を入れて沸騰させ、**3**、**4**、にんにくを入れる。蓋をして弱火で約5分煮たら薄口しょうゆと塩で味を調え、長ねぎと赤唐辛子を入れてひと煮立ちさせる。器に盛り、白ごまと細かくした韓国のりを入れる。

コムタン

全羅南道の羅州の郷土料理で、
白濁していないコムタンです。
コムは「長く煮る」という意味。ご飯を入れてクッパにするのもおすすめ。

材料(2人分)

スープを取った牛塊肉
　（肩肉。13ページ参照）── 150g
素麺 ── 30g
牛肉スープ(13ページ参照) ── 600mL
薄口しょうゆ ── 大さじ1
塩 ── 適量
しょうゆヤンニョム
　長ねぎ(みじん切り) ── 小さじ1/2
　にんにく(みじん切り) ── 小さじ1/2
　韓国産粉唐辛子(細挽き) ── 小さじ1/4
　薄口しょうゆ ── 大さじ1
長ねぎ(小口切り)・大根キムチ・白菜キムチ
　── 各適宜

作り方

1 スープを取った牛塊肉は厚さ2mmの薄切りにする。
2 素麺は表示通りに茹で、水で洗ってザルにあげる。
3 鍋に牛肉スープ、1と薄口しょうゆ、塩を入れて強火にかけ、沸騰したら火を止める。
4 器に素麺と3を盛りつける。しょうゆヤンニョムの材料を混ぜる。
〈食べ方〉長ねぎを入れ、お好みで塩で味を調整する。肉はしょうゆヤンニョムをつけて食べる。大根キムチの汁や白菜キムチを入れて味変してもよい。

곰탕/コムタン

タッカンマリ

ソウルの東大門(トンデムン)エリアには、タッカンマリ横丁があります。
タッカンマリは「鶏一羽」という意味で、
その名の通り、うま味が染み出たスープも肉もすべて味わいます。

材料(2人分)

- 丸鶏 —— 1羽
- じゃがいも —— 1個
- 長ねぎ —— 1/2本
- 長ねぎの青い部分 —— 1本分
- 韓国餅(トッポッキ用) —— 10個
- 水 —— 1.5L
- にんにく —— 2片
- タデギ(60ページ参照) —— 適宜
- 酢 —— 適宜
- からし —— 適宜
- 白菜キムチ —— 適宜

作り方

1. 丸鶏をザルに入れて、外側と腹のなかに沸騰した湯(分量外)をかけた後、キッチンペーパーで腹のなかの水分や汚れを拭き取る。
2. 鍋に水と丸鶏を入れて強火にかけ、沸騰したらアクを取る。長ねぎの青い部分とにんにくを加えて中弱火で約30分煮る。長ねぎの青い部分とにんにくは取り除く。
3. じゃがいもは厚さ1cmの輪切りにし、水(分量外)に約5分浸けてザルにあげる。
4. 長ねぎは長さを3等分に切ってから、縦に4等分に切る。
5. 韓国餅は水(分量外)に浸けておく。
6. 2の鍋に3、4、5を入れて中火にかけ、じゃがいもに火が通ったら完成。

〈食べ方〉小皿にタデギ、酢、からしを入れて混ぜ合わせて好みの味にし、つけダレにする。鍋に白菜キムチを入れて味変してもよい。

Memo
つけダレはタデギの割合を多めにするのがおすすめ。食べ終わった後のスープはうどんを入れて食べ切ってしまいましょう!

Part 5 | 地域特有のクンムルを楽しもう

豚の腸詰めスープ

スンデは豚の腸に豚の血液、野菜、餅米、春雨などを詰めて蒸したもの。
スンデを使ったスンデクッは二日酔いをさますスープです。
歴史があり、全国で食べられていますが、ソウルの新林堂(シンリムドン)にはスンデタウンがあります。

材料(2人分)

豚の腸詰め(スンデ) ── 200g
豚ホルモン(ボイル) ── 100g
にら ── 2本
長ねぎ(小口切り) ── 1/4本
豚骨スープ(13ページ参照)
　── 600mL
にんにく(みじん切り) ── 大さじ1
エゴマの粉(粗挽き) ── 適宜
アミの塩辛(または塩) ── 適宜
青唐辛子(小口切り) ── 適宜
タデギ(60ページ参照) ── 適宜

作り方

1 スンデは幅2〜3cmの輪切りにする。豚ホルモンはひと口サイズに切る。

2 にらは長さ5cmに切る。

3 鍋に豚骨スープ、1、にんにくを入れて強火にかける。沸騰したら弱火に落として約2分煮る。にら、長ねぎを入れてひと煮立ちさせ、火を止めて器に盛る。

〈食べ方〉エゴマの粉、アミの塩辛(または塩)で味を調え、お好みで青唐辛子やタデギを入れて食べる。

スンデは地方によってつける調味料が違う!

スンデはスープ仕立て以外にも、蒸したり炒めたりして食べます。蒸したものは、地域によってつける調味料が異なります。

ソウル・京畿道(キョンギド)	塩+こしょう
全羅道(チョルラド)	酢コチュジャン
忠清道(チュンチョンド)・江原道(カンウォンド)	アミの塩辛
慶尚道(キョンサンド)	辛味噌(サムジャン)
済州島(チェジュド)	しょうゆ

Memo

スンデは長く煮るとバラバラに崩れるので、煮込みすぎないように気をつけます。エゴマの粉は好みで細挽きのものにしてもいいでしょう。

순댓국 / スンデクッ

111

豚クッパ

朝鮮戦争で北朝鮮から避難した人たちが、
慶尚南道（キョンサンナムド）や釜山（プサン）で広めたスープです。
クッパッは「クッ＝スープ」＋「パッ＝ご飯」という意味があります。

材料（2人分）

豚バラ肉（ブロック）── 300g
酒 ── 大さじ1
長ねぎの青い部分 ── 1本分
にんにく ── 2片
長ねぎ（小口切り）── 1/4本
豚骨スープ（13ページ参照）── 600mL
にんにく（みじん切り）── 大さじ1
ご飯 ── 2人分
素麺 ── 20g
にら（5cmに切る）＋
　韓国産粉唐辛子（粗挽き）── 適量
アミの塩辛（または塩）── 適量
タデギ（60ページ参照）── 適量

急いで食べたいときに便利なクッパ

クッパは別名「チャンクッパッ」「クンマリ」「湯飯（タンバン）」。急いで食べたい人にとって、ありがたい料理です。元々は、朝鮮時代に存在した旅館兼居酒屋の「酒幕（チュマッ）」でよく出された料理でした。本来はスープにご飯を入れて出しますが、朝鮮戦争の後、大邱（テグ）でスープとご飯を別々に出すタロクッパというスタイルが登場すると、クッパ専門店もそれにならう店が増えました。

作り方

1 豚バラ肉はキッチンペーパーで拭く。鍋にたっぷりの湯（分量外）を強火で沸騰させ、豚バラ肉と酒を入れる。アクを取り、長ねぎの青い部分とにんにくを入れて中弱火で約30分煮る。

2 素麺は表示通りに茹でてザルにあげ、水で洗う。

3 1の鍋から豚バラ肉を取り出して冷ます。冷めたら、繊維を断ち切るように薄くスライスする。

4 別の鍋に豚骨スープを入れ、3とにんにく（みじん切り）を入れて強火にかけ、沸騰したら中火に落として約2分煮て、長ねぎを入れてひと煮立ちさせる。器にご飯を盛り、豚バラ肉、スープを入れる。

〈食べ方〉韓国産粉唐辛子で和えたにら、アミの塩辛を入れて自分好みの味つけにする。好きなタイミングで素麺を入れ、タデギで味変する。

돼지국밥 / テジクッパッ

部隊チゲ

京畿道の議政府にはプデチゲ通りがあり、いつでも老若男女で賑わっています。ドラマ「怪物」でも部隊チゲは絆を深めるツールとして象徴的に描かれていました。朝鮮戦争時代に、アメリカの部隊から流れてきた物資で作ったちょっぴりジャンクな鍋料理です。

材料（2人分）

- 白菜キムチ（カット済み） ── 100g
- ランチョンミート ── 150g
- ウィンナー ── 4本
- 長ねぎ ── 1/4本
- えのきだけ ── 1/2パック
- 木綿豆腐 ── 150g
- 韓国産インスタント袋麺 ── 1/2袋
- 水 ── 800mL
- タデギ（60ページ参照） ── 大さじ4
- 塩 ── 適量

作り方

1. 鍋に白菜キムチ、水、タデギを入れて沸騰させ、アクを取ったら蓋をして弱火で約10分煮込む。
2. ランチョンミートと木綿豆腐は幅1cmに切り、長ねぎは斜め切りにする。えのきだけは食べやすくほぐす。
3. 1の鍋にランチョンミート、ウィンナー、インスタント袋麺を加えて強火にし、沸騰したら中火に落として3分ほど煮たら、えのきだけ、木綿豆腐を入れて1分煮る。味見をして足りなければ、塩で調え、長ねぎを入れてひと煮立ちさせる。

> **Memo**
> ラーメンを入れるタイミングはお好みでOK！ 具を食べきってから入れてもいいでしょう。

부대찌개 /プデチゲ

대구탕 / テグタン

Memo
生たらこが手に入らなかったら、塩たらこでも代用できますが、その場合はスープの塩味を調整してください。春菊の代わりに、せりを使ってもおいしい！

タラ鍋

ソウルの三角地(サムガクチ)にはテグタン通りがあるほど、韓国ではベーシックな鍋のひとつ。
白子やたらこも入り、タラを食べつくせる鍋料理です。

材料（2人分）
マダラ —— 200g
タラの白子 —— 100g
生たらこ —— 100g
長ねぎ —— 1/4本
春菊（またはせり）—— 1/2束
えのきだけ —— 1/2パック
煮干し出汁（15ページ参照）—— 800mL
A ┌ にんにく（みじん切り）—— 大さじ1
  │ コチュジャン —— 大さじ2
  │ 薄口しょうゆ —— 大さじ2
  └ 韓国産粉唐辛子 —— 大さじ1/2
塩 —— 適量

作り方
1 長ねぎは長さ5cmの斜め切り、春菊は長さ5cmに切る。えのきだけは食べやすくほぐす。
2 マダラはひと口大に切り分け、タラの白子と生たらこはひと口サイズに切る。
3 鍋に煮干し出汁とAを入れて強火にかけ、沸騰したら2を入れて約3分煮る。塩で味を調え、1を入れてひと煮立ちさせる。

アンコウ鍋

仁川には龍峴洞アンコウ通りがあり、
アンコウの蒸し煮や鍋で有名です。
魚醬を入れることで出汁がいらず、豆もやしからも味が出ます。

材料(2人分)

アンコウ(切り身) ── 200g
豆もやし ── 100g
長ねぎ ── 1/4本
春菊(またはせり) ── 1/2束
水 ── 500mL
にんにく(みじん切り) ── 大さじ1/2
赤唐辛子(斜め切り) ── 適宜
青唐辛子(斜め切り) ── 適宜
魚醬 ── 大さじ1/2
薄口しょうゆ ── 大さじ1
塩 ── 適宜

作り方

1 長ねぎは長さ5cmの斜め切り、春菊は長さ5cmに切る。豆もやしはひげ根を取る。

2 鍋に水、魚醬を入れて沸騰させ、アンコウと豆もやしを入れる。アクを取り、にんにくを入れて蓋をして弱火で約5分煮る。

3 薄口しょうゆを加えて、味が足りないようであれば塩で調える。長ねぎ、春菊、赤唐辛子、青唐辛子を入れてひと煮立ちさせる。

아귀탕 /アギィタン

スープトッポッキ

ソウルの新堂洞(シンダンドン)のトッポッキタウンで生まれた料理で、
「賢い医師生活」「今日もあなたに太陽を」などの韓ドラにも登場。
もちもちとしたトッポッキはZ世代の間で特に人気です。

材料(2人分)

- 韓国餅(トッポッキ用) ── 150g
- 韓国おでん ── 1枚
- 玉ねぎ ── 1/4個
- 長ねぎ ── 1/4本
- ゆで卵 ── 2個
- 昆布出汁(15ページ参照) ── 400mL
- A
  - にんにく(みじん切り) ── 大さじ1/2
  - 韓国産粉唐辛子 ── 大さじ1/2
  - コチュジャン ── 大さじ1
  - 薄口しょうゆ ── 大さじ1/2
  - 砂糖 ── 大さじ1/2
- 塩 ── 適量

作り方

1. 韓国餅は水(分量外)につけておく。
2. 韓国おでんは10等分に切り、玉ねぎは縦に薄切り、長ねぎは長さ5cmの斜め切りにする。
3. 鍋に昆布出汁、A、1、2を入れて強火にかけ、沸騰させる。弱火に落とし、蓋をして2〜3分ほど煮たら、殻をむいたゆで卵を入れる。味見をして足りなければ、塩で味を調える。

Memo

韓国餅がメインの鍋ですが、ラーメンを入れるともっとボリュームが出ます。また、チーズを入れるとコクが出るのでお好みでプラスしてみましょう。

국물떡볶이 / クンムルトッポッキ

じゃがいもと豚の背骨の鍋

ソウルの鷹岩洞(ウンアムドン)にはカムジャグッ(=カムジャタン)通りがあるほか、韓国全土に専門店があり、24時間営業の店もあるほど人気。豚の背骨についた肉をしゃぶりながら食べます。

材料(2人分)

豚の背骨(カムジャタン用) ── 500g
酒 ── 大さじ1
白菜キムチ(カット済み) ── 200g
じゃがいも(大) ── 2個
長ねぎ ── 1/4本
えのきだけ ── 1/2パック
長ねぎの青い部分 ── 2本分
水 ── 1.2L
にんにく ── 1片
韓国味噌 ── 大さじ1/2
A ┌ にんにく(みじん切り) ── 大さじ1
  │ 韓国産粉唐辛子 ── 大さじ1
  │ コチュジャン ── 大さじ1/2
  └ 薄口しょうゆ ── 大さじ1/2
塩 ── 適量
エゴマの粉 ── 大さじ1
エゴマの葉 ── 4枚

作り方

1 鍋に水(分量外)と酒を入れて強火にかけ、沸騰したら中火に落として豚の背骨を入れ、約3分茹でる。ザルにあげて豚の背骨を水で洗う。

2 鍋に1の豚の背骨、白菜キムチ、水、韓国味噌を入れて強火にかける。沸騰したらアクを取り、長ねぎの青い部分、半分に切ったにんにくを入れて弱火で約45分煮る。

3 じゃがいもは半分に切り、長ねぎは斜め切りにする。えのきだけは食べやすくほぐし、エゴマの葉は軸を切り落とし、4等分に切る。

4 2の鍋から長ねぎの青い部分、にんにくを取り除く。鍋にじゃがいもとAを加えて強火にし、沸騰したら中弱火に落としてじゃがいもが柔らかくなるまで約10分煮る。

5 えのきだけ、長ねぎを入れてひと煮立ちさせたら、塩で味を調える。火を止め、エゴマの粉とエゴマの葉をのせる。

> **Memo**
> 韓国ではウゴジ(23ページ参照)を使うのが主流。ウゴジか白菜キムチかはお好みで。豚の背骨が手に入らないときは、スペアリブを使うと食べごたえのある鍋になります。

Part 5 | 地域特有のクンムルを楽しもう

スープに合わせるおかず 2

卵焼き

계란말이／ケランマリ

材料（4人分）
卵 —— 4個
にんじん —— 20g
赤パプリカ —— 1/4個
小ねぎ（小口切り）—— 3本
アミの塩辛 —— 小さじ1
サラダ油 —— 大さじ1
ケチャップ —— 適宜

作り方

1. にんじん、赤パプリカはみじん切りにする。アミの塩辛は粗く刻む。
2. ボウルに卵を割りほぐし、1、小ねぎを入れてよく混ぜる。
3. フライパンにサラダ油を引き、全体によくなじませる。中火にして卵液の1/3量を流し入れる。半熟状になったら箸で手前に巻いていき、空いた部分に油をなじませる。
4. 1/3量を流し入れ、半熟状態になったら巻くのを繰り返して焼く。粗熱を取り、包丁を斜めに入れて8等分に切り分ける。お好みでケチャップをかける。

茎ワカメの炒め物

미역줄기볶음／ミヨクチュルギボックム

保存 冷蔵庫で2日間

材料（4人分）
茎ワカメ（塩蔵）—— 200g
玉ねぎ —— 1/4個
A［ にんにく（みじん切り）—— 小さじ1
　　酒 —— 大さじ1 ］
塩 —— 適量
ごま油 —— 大さじ1/4
白ごま —— 小さじ1/2
サラダ油 —— 大さじ1/2

作り方

1. 茎ワカメは水で洗ってから、たっぷりの水（分量外）につけて1時間ほど置いて塩抜きする。ザルにあげて水で洗い、水気をよくきったら、長さ5cmに切る。
2. 玉ねぎは縦に薄切りにする。
3. フライパンにサラダ油を引き、1と2を中火で炒める。全体がしんなりしたら、Aを入れて炒め合わせ、塩で味を調え、仕上げにごま油をかける。器に盛りつけ、白ごまをふる。

煮干しとアーモンドの炒め物

멸치아몬드볶음／ミョルチアモンドゥボックム

材料（4人分）

煮干し（小さめ）—— 50g
アーモンド —— 20g
青唐辛子（小口切り）—— 適宜
A ┌ にんにく（みじん切り）—— 小さじ1/2
　├ しょうゆ —— 大さじ1
　├ 水あめ —— 大さじ1/2
　└ ごま油 —— 大さじ1/2
白ごま —— 小さじ1/2
サラダ油 —— 大さじ1

保存 冷蔵庫で3日間

作り方

1 アーモンドは粗く刻む。
2 煮干しはフライパンで乾煎りしたら、アーモンドとともにザルに入れて、細かい粉をふり落とす。
3 フライパンにサラダ油を引き、2と青唐辛子を入れて炒め、Aで味つけをする。器に盛りつけ、白ごまをふる。

연근조림／ヨングンジョリム

れんこんのきんぴら

保存 冷蔵庫で3日間

材料（4人分）

れんこん —— 200g
酢 —— 小さじ1
水 —— 500mL
A ┌ 水 —— 100mL
　├ にんにく（みじん切り）—— 小さじ1
　├ しょうゆ —— 大さじ2
　├ 水あめ —— 小さじ2
　└ ごま油 —— 大さじ1/2
白ごま —— 小さじ1/2
サラダ油　大さじ1

作り方

1 れんこんは厚さ2mmの輪切りにする。酢を加えた水に約5分浸けたらザルにあげ、水気をきる。
2 フライパンにサラダ油を熱し、中火で1を炒める。れんこんが透き通ってきたら、Aを回し入れて汁気がなくなるまで煮る。器に盛りつけ、白ごまをふる。

123

じゃがいもの炒め物

감자볶음 ／カムジャボックム

材料（4人分）
- じゃがいも —— 2個
- にんじん —— 30g
- 玉ねぎ —— 1/4個
- にんにく（みじん切り） —— 小さじ1
- 青唐辛子 —— 適宜
- 塩 —— 適量
- こしょう —— 少々
- ごま油 —— 小さじ1
- サラダ油 —— 大さじ1

作り方

1. じゃがいもは長さ5cmの千切りにし、水（分量外）に約5分浸けたら水気をきる。にんじんも同じ長さの千切りにする。玉ねぎは縦に薄切りにし、青唐辛子は縦半分に切って種とヘタを取り、千切りにする。

2. フライパンにサラダ油を引き、中火でじゃがいも、にんじん、玉ねぎを炒める。野菜がしんなりしたら、青唐辛子とにんにくを入れて炒め合わせ、塩、こしょうで味を調える。仕上げにごま油を加える。

어묵볶음 ／オムクボックム

韓国おでんの炒め物

保存 冷蔵庫で2日間

材料（4人分）
- 韓国おでん —— 4枚
- 玉ねぎ —— 1/4個
- 赤唐辛子 —— 適量
- **A**
  - にんにく（みじん切り） —— 小さじ1/2
  - しょうゆ —— 大さじ2
  - 砂糖 —— 大さじ1/2
  - 水あめ —— 大さじ1/2
  - ごま油 —— 大さじ1/2
- 白ごま —— 小さじ1/2
- サラダ油 —— 大さじ1

作り方

1. 韓国おでんはザルに入れて熱湯をかけたあと、10等分に切る。
2. 玉ねぎは縦に薄切りにし、赤唐辛子は縦半分に切って種を取り除き、長さ3cmの斜め千切りにする。
3. フライパンにサラダ油を熱し、中火で玉ねぎを炒めて火が通ったら、韓国おでんを入れてさっと炒め、**A**と赤唐辛子を入れて炒め合わせる。器に盛りつけ、白ごまをふる。

スープに合わせるおかず 2

豆腐の煮つけ

두부조림 ／トゥブジョリム

材料（4人分）
木綿豆腐 —— 400g
塩 —— 小さじ1/2
A ┌ 水 —— 大さじ5
  │ にんにく（みじん切り）
  │   —— 小さじ1
  │ 韓国産粉唐辛子 —— 小さじ1
  │ しょうゆ —— 大さじ2
  │ 砂糖 —— 大さじ1/2
  └ 水あめ —— 大さじ1/2
小ねぎ（小口切り）—— 適量
白ごま —— 小さじ1/2
ごま油 —— 小さじ1
サラダ油 —— 大さじ1

作り方

1. 木綿豆腐はキッチンペーパーに包み、600Wの電子レンジで1分加熱する。ひっくり返してさらに1分加熱し、水気をきる。
2. 1を2等分にしてから幅1.5cmに切り、豆腐の両面に塩をふる。
3. フライパンにサラダ油を引き、中火にして豆腐を入れ、焼き色がつくまで両面を焼く。Aを入れて、中弱火にして汁気がなくなるまで煮たら、ごま油をかける。器に盛りつけ、小ねぎ、白ごまをのせる。

소고기메추리알장조림 ／ソコギメチュリアルジャンジョリム

牛肉とうずらの卵のしょうゆ煮

保存 冷蔵庫で3日間

材料（4人分）
牛肉（切り落とし）—— 200g
うずらの卵（水煮）—— 20個
ししとう —— 8本
水 —— 200mL
にんにく（みじん切り）—— 小さじ1
しょうゆ —— 大さじ3
水あめ —— 大さじ1と1/2
白ごま —— 小さじ1/2
ごま油 —— 小さじ1

作り方

1. 牛肉はひと口サイズに切る。ししとうはヘタを取り、包丁で切り込みを入れる。
2. 鍋に水、しょうゆ、水あめ、にんにくを入れて強火で沸騰させ、中弱火にして牛肉とうずらの卵を加える。アクを取り、汁の量が1/3くらいになったら、ししとうを入れて約2分煮る。最後にごま油を回し入れる。器に盛りつけ、白ごまをふる。

125

出汁別
さくいん

牛骨スープ〈12ページ参照〉
ソルロンタン —— 40
餃子スープ —— 44
干しダラのスープ —— 74
里芋と牛肉のスープ —— 84
雑煮 —— 88

豚骨スープ〈13ページ参照〉
豚の腸詰めスープ —— 110
豚クッパ —— 112

牛肉スープ〈13ページ参照〉
冷麺 —— 56
宮中式豆腐鍋 —— 80
ユッケジャン —— 86
牛肉と大根と豆腐のスープ —— 87
コムタン —— 107

煮干しと昆布の出汁〈14ページ参照〉
純豆腐チゲ —— 20
白菜の外葉の味噌チゲ —— 23
きのこの味噌チゲ —— 26
イカのコチュジャンチゲ —— 31
ハマグリのすいとん —— 54
きのこのエゴマスープ —— 70
水刺身スープ —— 72
大豆もやしのスープ —— 75
にゅう麺 —— 82
じゃがいも団子のスープ —— 106